绿色金融发展的长效机制研究

苟　珣　田一丹　李静晗　著

東南大學出版社
SOUTHEAST UNIVERSITY PRESS

图书在版编目(CIP)数据

绿色金融发展的长效机制研究/荀珣,田一丹,李静晗著. --南京:东南大学出版社,2024.12.
ISBN 978-7-5766-1915-7
Ⅰ. F832
中国国家版本馆 CIP 数据核字第 2024JL3664 号

责任编辑:胡中正　　责任校对:张万莹　　封面设计:豫燕川　　责任印制:周荣虎

绿色金融发展的长效机制研究
Lüse Jinrong Fazhan de Changxiao Jizhi Yanjiu

作　　者:荀　珣　田一丹　李静晗
出版发行:东南大学出版社
出 版 人:白云飞
社　　址:南京市四牌楼 2 号　邮编:210096　电话:025-83793330
网　　址:http://www.seupress.com
经　　销:全国各地新华书店
排　　版:燕川文化
印　　刷:北京市怀柔新兴福利印刷厂
开　　本:787 mm×1092 mm　1/16
印　　张:10.5
字　　数:180 千
版 印 次:2024 年 12 月第 1 版第 1 次印刷
书　　号:ISBN 978-7-5766-1915-7
定　　价:68.00 元

前　言

在当今全球经济发展与环境保护相互交织的时代背景下，绿色金融作为一种将环境保护与金融创新有机结合的新型理念与实践模式，正日益受到广泛关注。绿色金融的发展不仅是应对气候变化、实现可持续发展的重要举措，更是推动经济转型升级、提升国际竞争力的关键路径。对绿色金融发展的长效机制进行深入研究，具有重大的现实意义和深远的历史价值。

随着工业化进程的加速和人类活动的日益频繁，全球面临着严峻的环境挑战，如气候变化、资源短缺、生态破坏等。这些问题不仅对人类的生存和发展构成了直接威胁，也对经济的可持续增长带来了巨大压力。在这种情况下，绿色金融应运而生，旨在通过金融手段引导资金流向环保、节能、清洁能源等绿色产业，促进经济的绿色转型和可持续发展。

近年来，绿色金融市场呈现出快速发展的态势。然而，要实现绿色金融的可持续发展，仅仅依靠短期的政策支持和市场热情是远远不够的，还需要建立起一套完善的长效机制。长效机制的建立有助于确保绿色金融的稳定发展。一方面，它可以为绿色金融提供持续的政策支持和法律保障，规范市场行为，降低投资风险，吸引更多的资金投入绿色产业中。另一方面，长效机制可以促进金融机构的创新和转型，推动绿色金融产品和服务的不断丰富和完善，满足不同投资者和企业的需求。

此外，绿色金融发展的长效机制研究对于我国来说尤为重要。积极发展绿色金融，建立长效机制，不仅是我国实现经济转型升级、建设美丽我国的必然选择，也是我国在全球气候治理中发挥更大作用、提升国际影响力的重要途径。希望本研究能够为推动我国绿色金融的可持续发展提供有益的参考和借鉴，为实现经济、社会和环境的协调发展贡献一份力量。

在撰写本书的过程中，作者查阅和借鉴了大量的相关资料，在此向其作者表示诚挚的感谢。此外，本书的撰写也得到了相关专家和同行的支持与帮助，在此一并致谢。由于作者水平有限，加之时间仓促，书中难免出现纰漏，敬请广大读者批评指正。

目　录

第一章 绿色金融的理论阐述

绿色金融是在可持续发展观念日益深入人心、全球对环境保护愈加重视和更加积极应对气候变化的背景下提出的一种新型金融发展模式。因此,绿色金融对于改变我国传统金融发展市场的弊端、激活我国比较僵化的金融机制、提升我国金融创新能力方面很有助益,但我国目前在实施绿色金融发展战略方面存在的诸多难题也不容忽视。

第一节 绿色金融核心概念界定

伴随着可持续理念的日益深入,绿色金融已经悄然兴起,并且逐渐渗透到金融理论与实践中,改变了传统的金融活动,成为金融活动重要的组成部分。

一、绿色金融的概况

经过发展,我国经济取得了举世瞩目的成绩。经济总量位居世界第二,人均收入跨入了中等收入国家行列。然而,传统的经济发展方式也隐含着巨大风险。随着经济的巨量快速增长,我国资源消耗和环境污染等问题日趋严重。不仅对经济的可持续发展形成无法回避的威胁,更造成难以估量的生命、健康损失。在这种情况下,发展绿色经济已经成为我国必然的战略取向。相应地,为绿色经济提供支持的绿色金融也被赋予了更多的责任和使命。

(一)关于“绿色”的定义

“绿化”金融体系需要对“绿色”有一个明确的、得到认同的定义,这样才能确保政策、规则、标准和激励能够有效运用。目前,国际上并没有一个被广泛采纳的绿色金融定义。关于绿色金融,已经有多种不同又有重叠的定义(或者是相近的术语,比如可持续金融、气候金融、环境金融、负责任的金融、绿色投资等)。这些定义上的含糊和范围的不明确,已在很大程度上影响了绿色金融的发展。世界各国关注绿色金融发展的人们普遍感到,当前迫切需要统一绿色金融的定义和标准。概括地看,目前对绿色金融的定义大体上有狭义和广义两类。

两种定义的目的和侧重点有很大的不同：狭义定义想要确定特定金融资产有多大比例是绿色的。其衡量标准有些是程序标准（如测算“环境、社会和治理”管理），有的是事前定义优先支持的绿色产业（技术）的行业标准（如可再生能源、循环、废弃物管理和环境保护）。狭义定义重点在于评估环境状况，确定绿色金融支持的重点行业、重点技术等。广义定义想要确定金融系统在可持续性方面的整体目标，并提出测量其有效性的方法。根据金融系统的目标设定融资标准，对环境风险有效且高效地进行资本分配。其侧重点在于整个金融系统和宏观经济稳定。

目前，发达国家和发展中国家在“绿色金融定义”上的一个重要差别，就是前者更关注气候，将未来的气候变化和相应的技术调整作为金融机构的主要风险因素。我国等发展中国家，只要能够节约化石能源的使用量、降低单位能耗，其投资都属于“绿色”（例如高铁债券在我国被认为属于绿色债券）。在发达国家，由于已经完成了工业化进程，工业化早期阶段经常出现的环境污染问题已基本解决，因此，在评价一项投资是否“绿色”时，往往不考虑其治污和防污作用；而在我国，这类投资当然被纳入“绿色”范畴。

在全球范围内要想找到一个所有条件下都成立的“绿色金融”的定义几乎是不可能的。无论如何，至少在一国范围内应有一个明确的绿色金融标准，这是政府应当能够做到的事情。未来在跨越国境的部分区域范围乃至全球，如果能够明确一个被普遍接受的定义和标准，无疑对绿色金融的发展是十分有利的。

（二）关于绿色金融的发展模式

发达国家与发展中国家的另一个明显差异是，前者更重视市场化机制，靠市场的力量来发展绿色金融。例如，更多地依靠机构投资者（如养老基金、保险公司等）通过行使股东投票权，对不符合可持续发展理念的公司不予投资等手段对企业的“绿化”施加影响；而后者则更多地依靠政府管理和金融监管，来引导金融机构越来越多地支持可持续发展。

很难比较这两种模式的优劣，特别是从长期效用来说。而且这两种模式也开始出现融合的迹象。例如在发达国家，越来越多人认识到，要改变金融市场“可持续”因素影响力偏低的问题，完全依靠市场机制的自发调整是很困难的，必须加大政府的介入和引导。巴西、我国等新兴市场国家在政府推动下将环境风险因素纳入银行监管规则的做法，已经得到国际社会的普遍关注和认可。另一方面，发展中国家政府行政性干预的科学性也开始受到质疑。人们认识到主要靠行政力量推动的绿色金融是有缺陷的，政府应该在激励引导市场意愿、创造良好政策环境方面多下功夫，尽可能发挥市场作用，避免过多的直接干预。

根据现有实践，政府至少可以在以下几个方面发挥更大的作用：

第一，明确“绿色”的定义、标准、原则和框架，为绿色金融的发展建立范本和模式。

第二，通过财政性措施对绿色金融的发展加以引导。这些措施包括：在政府采购时有意识选择“绿色”产品或秉持绿色发展理念的企业的产品；要求国有金融机构更多地开发和销售绿色金融产品；要求政策性金融机构发挥在绿色信贷、绿色保险等领域的带头作用；在对外援助时强化“绿色投资”标准；对政府系机构投资者的投资组合提出“绿色”要求等。

第三，利用各种金融政策支持和引导绿色金融发展。这些政策在不同的金融行业可能有着不同的特点。例如对银行业，主要通过信贷政策和监管政策促进绿色信贷；对证券业，主要通过投资政策和上市公司信息披露要求引导股票上市和交易活动，发展绿色债券市场；对保险业，主要通过强化企业的环境风险控制来引导绿色保险的发展。

第四，强化监管约束，培育环境风险意识。例如要求上市公司提交环境风险报告（或在年报中加入有关环境的披露内容），要求金融机构提交可持续发展报告、对环境风险进行压力测试等。

第五，在金融监管部门之间、金融监管部门与政府行政管理部门之间建立有效的跨部门协调和信息共享机制，使绿色金融理念在政府层面被广泛认识和推行。

第六，建立发展绿色金融的基础设施。一方面，要着手解决绿色投资外部性的计量问题，如碳排放权、排污权的产权如何有效界定？环保项目投资所产生的外部效益如何收费？通过政策设计和体制安排，将绿色项目的正外部性和污染投资的负外部性显性化，为绿色金融发展提供足够的市场激励；另一方面，要发挥第三方机构（中介组织）的作用，支持绿色金融评估机构的发展，引导现有专业服务机构（信用评级、资产评估、会计师事务所、律师事务所、咨询公司、数据服务公司等）开展绿色金融相关业务。

第七，加大对地方政府政绩评估中环境因素的权重，促使地方政府以及地方性金融机构支持和推进绿色金融的发展。

第八，加大对绿色金融理念的宣传教育，培养环境风险评估、绿色金融产品创新等方面的人才，加强与境外机构的合作。

二、绿色金融发展展望

绿色金融为金融的可持续发展开辟了新领域，随着绿色金融理论和实践的不断深化，绿色金融体系将更加完善，金融工具及金融产品将更加丰富，未来的前景非常乐观。

(一)绿色金融体系将更加完善

尽管目前我国绿色金融已经有了一定的实践经验，但仍与世界绿色金融发展仍有一定差距。未来几年内，我国的金融体系，有望在核算体系、信息管理、机构建设方面进一步完善。

第一，绿色金融核算体系的构建。1995 年，世界银行引入绿色的 GDP 的国民经济核算体系，以衡量一国和地区的真实国民财富，并于 1997 年首次提出了真实国内储蓄的概念和计算方法。这就要求未来金融业要适时改革金融评价体系，把绿色投融资引入金融评价，即把生态环境投资和环保产业融资作为评价金融业的重要参数之一。

第二，绿色金融信息收集部门的设立。编制信息数据库管理系统，定期向金融决策层通报最新绿色信息和发展态势分析，使金融决策层随时掌握绿色发展动态，及时作出绿色金融决策。同时，未来绿色信息系统的建设可以有效地加强金融业各组成部门间的沟通，促进涉及跨区域环境问题的金融决策协调，减少决策风险。

第三，未来将成立专业性绿色金融机构为实施“绿色金融”筹措资金。国际金融业的这些绿色金融举措都体现了现代金融的发展方向，同时，完善金融体系，建立绿色银行，专门为环保产业和产业中的环保项目融资，也将成为我国金融业发展的一个方向。

(二)绿色金融工具及金融产品将更加丰富

未来“绿色金融”发展，不仅依靠金融体系的构建和完善，更重要的是金融工具及金融创新的实现。

第一，绿色产业基金将成为一种常规性金融产品。近年来，在一系列政策支持和促进下，绿色基金已初见规模，多家银行成立绿色产业基金，为绿色环保产业筹集资金，推动低碳经济的可持续发展。随着绿色金融理念的不断深化，绿色产业基金的政策性概念将逐步淡化，绿色产业基金将成为一种常规性金融理财产品。

第二，发行绿色债券作为长期筹资渠道。资金投入的不足直接导致了环保技术和产业发展滞后，影响我国社会经济的可持续发展进程。绿色金融债券的发行，将使金融机构筹措到稳定且期限灵活的资金，银行通过发行绿色金融债券吸收大量中长期稳定资金，再以贷款及相关方式投资于一些周期长、规模大的以循环经济模式运营的环保型产业或生态工程项目上，一方面解决环保型企业资金的不足，另一方面优化其资产结构。

总而言之，绿色金融的发展既是压力，也是机遇。既是我国金融业的责任，也是其自身发展的所需。既是宏观政策导向，也是金融企业的创新。在传统金融业务的发展受到诸多制约和挑战的今天，发展绿色金融无疑将成为金融业新的盈利点和发展方向。

第二节　绿色金融的理论基础

一、国内外绿色金融实践的理论分析

当前，国内学者对绿色金融概念、内涵、发展现状、机制建设、政策框架、金融工具评价等内容都已经有了一系列的研究成果。另一方面，从生态文明建设和可持续发展的角度，我国学者对绿色金融与可持续发展的相关内容也有研究成果，早在1998年和2003年，相关学者就对金融业与可持续发展的关系进行了探讨，对不同类型金融机构和不同投融资行为对经济的可持续发展影响进行了分析和对比，在对生态补偿投融资机制的研究中，对国内外学者在绿色金融与生态补偿领域的研究做了综述。

（一）国内外绿色金融实践概述

当前国内的绿色金融实践涵盖了节能减排、污染治理、清洁能源等领域。个人绿色金融主要有节能住房贷款、节能汽车贷款和政策优惠、个人碳账户等。企业绿色金融主要以环保项目融资、节能减排融资、收益权质押、排污权抵押、碳金融等为主。其中项目融资主要以传统抵押授信和中间业务为主，碳金融产品创新相对较多。环境责任保险主要在高污染企业中试点和推广。

国外绿色金融实践的服务对象较为丰富。个人绿色信贷主要包括针对个人的绿色抵押贷款和个人低碳消费贷款。对企业的绿色金融主要是清洁能源项目融资、环保技术服务、环保企业上市、环保指数、碳基金、绿色保险、生态保险、碳保险等。

绿色金融工作小组对构建我国绿色金融体系提出了14条建议，主要包括专业投资机构、政府财政、金融基础设施和法律基础设施等四个方面的内容，具体建议除了涵盖已有的国内绿色金融实践，还增加了绿色贴息、绿色债券、绿色评级、法律法规和

绿色信息系统建设等多个方面。

(二)现有绿色金融实践的理论原理

绿色金融的相关理论原理主要有四个类别。一是引导资金向绿色产业、降低环境友好型产业和项目的融资成本,引导个人选择绿色消费和行为模式,或提高污染项目的成本,这是抑制产生环境负外部性的经济活动,激励产生环境正外部性的经济活动,理论基础是经济学。二是量化环境价值和环境风险,明确经济主体对环境资源的消耗和产生的风险,通过市场完成价值交换,理论基础是环境经济学和生态经济学。三是通过立法,明确经济主体的生态权利和义务以及产生生态违法行为后应当承担的法律责任,理论基础包括环境法学和生态法学。四是将金融活动与环境看作一个整体,通过绿色信息系统,揭示和评估金融活动与环境,人与自然之间的互动关系和相互作用,用系统的观点看待绿色金融,而不仅仅是金融产品的创新,涉及系统学理论。

二、绿色金融理论体系的理论基础和理论框架

国内外对绿色金融的研究和实践都取得了一定成果,但绿色金融还没有形成完整的理论体系,绿色金融的概念和内涵目前还没有统一的认识,而绿色金融的理论基础、研究范式、未来发展等方面相关理论问题的研究较少。

(一)绿色金融的理论基础

根据上文的分析,绿色金融理论基础应当主要包括外部性理论、生态产权理论、环境估价理论以及生态权利、义务理论。

1. 外部性理论

经济外部性指在社会经济活动中,在没有市场交易的情况下,一个经济主体的行为影响了其他经济主体的经济活动的行为,外部性可能,是正面或负面的。提到与环境相关的经济外部性,一般指的是生产和消费的负外部性。在实际的经济活动中,生产和消费的正外部性仍然存在,通过激励和补贴产生正外部性的行为,提升负外部性行为的成本,是绿色金融产品运作的主要原理之一。从收益的角度看,对外部成本补贴或支付带来的收益,将不仅限于个人或企业的利益,同时会产生社会收益和环境收益。

2. 生态产权理论

生态产权是人们对可支配的生态资源的使用程度的界定,是一种公共产权。理论上一定区域内的社会成员享有平等的生态产权。由于生态产权本身内涵尚未有明

确的界定，生态产权在不同个体间的转移具有明显的非等价性。根据生态产权理论，通过市场手段配置生态资源要素，需建立用以约束人类支配生态资产时相对明确的准则，对生态权益归属、生态的质量、生态侵权的程度、生态侵权行为短期和长期、局部和整体影响的评估有相应的准则。绿色金融在进行排放权交易等活动时就是以生态产权、环境产权的理论为基础的。

3. 环境成本和收益估价

用经济学方法来评价某项目时，会测算项目的收益和成本，当环境被看作是可以提供多种服务的综合资产被纳入测算时，环境提供的服务应当作为成本被估算在内，同时还应加入时间要素，即对项目进行评估时，将某一时期得到的净收益与另一时间点得到的净收益进行比较，或通过计算贴现率得到某时间点所得收益的现值来衡量项目是否值得支持。实际上一个项目的成本以及收益是很难全部纳入评估体系并准确货币化的，但在充分考虑上述因素的前提下，仍然可以通过结合使用实证分析和规范分析的方法来判断项目的可行性，寻找最优决策。绿色金融在进行个人绿色信贷、绿色项目融资等活动时就需要运用这些原理。

4. 生态权利、义务理论

以法律的形式将公民应享有生态权利、需履行的生态义务（如保护自然资源的义务）以及违法时应对生态法律责任（包括行政、民事、刑事责任等）加以明确，同时也将环境管理程序进行立法，将对绿色金融的监管从行政层面上升到法律层面，环境管理机关依法具有否决不符合生态要求的经济活动项目的权利。法定的管理程序和生态权利、责任、义务的明确对环境管理的效力、范围都将超过现有的行政管理制度。我国绿色金融体系构建过程需要运用到生态法学、环境法学的理论。

（二）绿色金融的理论框架

借鉴其他学科的理论框架，绿色金融的理论体系框架应主要包括内涵、本质、行为主体、研究的主要内容、方法、目标及方向。

1. 绿色金融的内涵

当前，绿色金融的内涵在学术界还没有统一的共识，普遍来看其内涵主要包括三方面内容。一是融资的同时实现保护环境，提升环境质量和转移环境风险的目标；二是引导资金流向节约资源技术开发和生态环境保护产业实现促进全社会的可持续发展；三是金融业本身发展具有可持续性的内容。本研究认为，绿色金融还可以从产业的角度进行理解，涉及绿色产业融资的内容都可以看作是绿色金融，是广义上的绿色产业之一。

2.绿色金融的本质和行为主体

绿色金融的本质是在环境作为资源要素前提下的“金融”,而金融实际上是跨期的价值交换,绿色金融中的价值包括货币价值以及其他物品的价值。理想状态下,环境资源的价值能够被准确评估,但实践中环境价值的界定还有很多不确定性,因此现有绿色金融实践更多的是将金融产品与环保治理这一“末端”行为的结合。参与绿色金融的主体主要包括四类:一是经济活动的主体,包括人和企业;二是金融机构、投资机构;三是中介机构;四是政府。其中,企业和个人是绿色金融的需求者,金融机构、投资机构是绿色金融的供给者,除了资本,还提供人力资源、技术、管理方法等;中介机构主要是为前两者达成合作提供支持,提供如项目评估、信用担保、信用评级、资产评估、知识产权服务、项目监管等服务;政府是市场以外的角色主体,是政策的制定者和监管者。

3.绿色金融理论需要研究的主要内容

绿色金融的发展需要在融资思路和策略的创新前提下,不断在融资方式、融资条件、融资内容、融资场所等多方面进行创新,旨在将环境资本与金融市场相对接,将生态产权市场与金融市场相对接。生态资产确权、环境会计、环境成本评估、环境管理、金融工具创新等几个内容是当前研究的重点。其中,生态资产确权是将环境与金融对接的基础,也是环境资产市场化的前提条件;环境会计不仅可用于评价社会整体的环境资产,同时也用于评价环境项目或企业对环境资产的影响,以及企业在环境要素影响下的财务状况,也是识别环境风险,建立环境成本评估体系的基础。一些西方国家已经开始了环境会计方面的实践,但我国尚未建立环境会计核算体系,这应当成为我国绿色金融发展研究的重要内容之一;环境管理应包括环境项目的长期管理和监督以及环境法律体系的健全,通过建立长期监督机制,明确经济主体的环境义务和环境责任,进一步降低金融机构和投资机构的环境风险,同时也提升绿色金融的经济和社会收益;绿色金融工具的创新依托于现代金融理论和方法的创新,在生态经济和绿色产业发展的背景下,绿色金融工具的创新理念不应局限于污染防治、低碳模式等层面,应以发展生态经济的全局性视角来看待绿色融资,在具体研究中,应有别于传统金融学以货币银行理论为主的研究方向,更多地重视融资理论与实务的发展。

4.绿色金融研究的方法

定性研究与实证研究相结合,定性分析的不断深入有助于进一步明确绿色金融理论研究的逻辑起点,明确绿色金融与传统金融的共性与区别。随着绿色金融理论的不断完善和数据的丰富,实证研究将降低绿色金融理论研究的滞后性,为理论研究和业务实践提供更多支撑。

5.研究的目标

绿色金融理论研究的目标可以划分为近期目标和远期目标两个方面。近期目标主要着力于解决将环境资源纳入金融市场,研究侧重于探索实务的创新,在环境资产确权、环境资产估价等基础上进行的绿色金融工具的创新,将更多的金融资本引入绿色金融领域,支持和推进绿色产业和绿色项目的发展;远期目标是以建设生态经济体系为目标,研究建立多元化的绿色投融资体系和生产消费模式,推动我国生态经济建设,发展生态文明。

绿色金融的理论研究是建立在实践的基础上的,除了借鉴国外研究的成果,还需紧密结合我国发展的实际,需要将发展生态文明,践行绿色发展理念和实现社会收益与经济效益的平衡等多方面因素相结合。对构建绿色金融理论体系框架做出了设想,绿色金融作为正在起步的研究领域,其理论与实践都有大量需要研究的内容,未来需进一步加快研究的主要有以下三个方面。一是对绿色金融的内涵做出更加清晰的界定。对绿色金融的内涵界定,包括对其“绿色”性质的界定、有别于传统金融的特征的辨识和界定、理论研究的假设前提、作用范围等一系列相关内容。这些内容的界定,有此基础才能进一步构建和完善绿色金融的理论体系内容。二是在实践中探索绿色金融理论的一般规律。对绿色金融的理论研究除了前沿理论探索以外,需要从实践中观察和总结其理论发展的一般规律,将现有的国内外金融实践的总结和整理上升到理论层面的研究还较少。在我国已经将绿色金融发展纳入国家政策的背景下,更应当结合我国国情和实践来探索绿色金融理论体系的发展。三是整合梳理多学科理论以促进绿色金融理论体系研究。绿色金融理论和实践具有多学科的背景,涉及自然科学(如生态学、环境学)以及社会科学(如金融学、法学)等学科的相关理论,是典型的交叉学科。

在生态文明建设被提升到国家战略以及新的金融理论不断创新的背景下,进一步梳理和整合各相关学科的理论原理,并在实践的基础上加以吸收、创新,形成绿色金融独有的理论体系是未来发展趋势。

第三节 绿色金融的内涵

绿色金融是可持续发展性金融活动的一种统称,在学术界还未有一个统一认可的定义。根据相关词典的界定,绿色金融又可以称为“环境金融”或“可持续融资”,其内涵是使用多样化的金融工具来保护生态环境、生物多样性的金融活动的统称。

在我国，绿色金融主要体现在金融部门以可持续发展为导向，以信贷、保险、证券、产业基金以及其他金融衍生工具为手段，以促进节能减排和经济资源环境协调发展为目标的金融活动。它主要包括绿色信贷、绿色保险和绿色证券三种金融工具。

绿色金融又称“环境金融”“生态金融”或“可持续性金融”，在学术界并没有公认的概念界定，比较具有代表性的定义有四种：

第一，词典中指出环境金融属于环境经济的一部分，研究如何使用多样性的金融工具来保护环境，保护生物多样性。

第二，是指绿色观念要体现在金融业的日常营业活动中，把环境保护作为基本政策，在金融机构投融资行为中重视对生态环境的保护和污染的治理，注重绿色产业的发展，通过对社会资源的引导，促进经济社会的可持续发展与生态的协调发展。

第三，是指金融业在贷款对象、贷款条件、贷款种类、贷款政策和贷款方式上，将绿色环保产业作为重点来扶持，从信贷投放、期限及利率等方面给予政策上的优先和倾斜。

第四，是指金融部门把保护环境作为一项基本国策，以金融业务的运作体现可持续发展战略，促进环境资源的保护和经济的协调发展，并实现金融可持续发展的金融营运战略。

其他学者则认为“绿色金融的核心是将自然资源存量或人类经济活动造成的自然资源损耗和环境损失，通过评估测算的方法，用环境价值量或经济价值量进行计量，并运用于金融资源配置、金融活动评价领域”。从近几年我国绿色金融实践来看，提出绿色金融的本质是“遵循市场经济规律的要求，以建设生态文明为导向，以信贷、保险、证券、产业基金以及其他金融衍生工具为手段，以促进节能减排和经济资源环境协调发展为目的宏观调控政策”。

综合来看，国内学者沿承了国际上广泛研究的结论，都支持通过金融业务的运作体现可持续发展战略这样一个基本观点。大多数学者都将绿色金融看作绿色经济政策中的资本市场手段，是把节能环保的观念引入金融，运用不断创新的金融手段来影响企业的投资决策，进而影响经济结构的转变，转变过去重数量轻质量、高能耗低产出的金融经济增长方式，促进生态友好、环境和谐、社会经济的协调可持续发展。

然而，国内外学者关于绿色金融的定义要么从金融业运作出发、要么站在政府宏观调控的角度，都未能体现全面的双赢的金融理念。作为一种金融创新，它的先进性表现在：把经济效益和社会效益结合起来，以实现金融机构、企业、经济、自然的良性循环与和谐发展为共赢目标，将环境环保因素纳入绩效审计与评价体系，促进绿色金融产品的创新，也有利于公民和企业社会责任的建立。它的本质就是将既定的金融资源存量合理配置到节能环保的绿色产业，通过资金的优化配置来实现资本回报率的最大化和环境风险的最小化。

以金融机构内部的绿色管理、绿色服务为先导，在金融业务中全面考虑长期的潜在的资源能源与生态环境方面的影响，把与环境条件相关的预期风险、回报和成本纳入为投融资决策中的内生因素进行考量，以信贷、证券、保险、产业基金及其他金融衍生工具为激励约束机制下的主要手段，通过金融业的杠杆效应和利益传导机制影响其他行为主体的投资取向和市场行为，也引导社会金融资源流向节能减排技术开发和生态环境保护产业，引导企业生产注重绿色环保，引导消费者形成绿色消费理念，借助金融工具、市场运用、政府机制和社会监督等多元力量，促使金融机构、企业和公民都履行好自己的社会责任，最终实现国家经济战略（如产业结构优化升级、经济增长方式的转变、经济社会的可持续协调发展等）的有效实施、金融机构自身的可持续发展、促使企业进行技术创新与产业调整以实现良性发展、形成资源节约与环境保护的绿色生态四者共赢的核心目标与效果。

第四节 我国绿色金融体系的构建

在“创新、协调、绿色、开放、共享”的发展理念和经济绿色转型背景下，配套政策密集出台，绿色金融市场环境不断改善。绿色金融承担着引导社会资金流向节能、低碳、环保行业，倒逼企业技术升级和产业转型，实现经济效益、环境效益和社会效益协调发展，并最终推动供给改革和生态文明体制改革的重要使命。发展绿色金融、构建绿色金融生态已经上升到国家战略高度。

一、多项举措促进环境外部性内生化

建立健全绿色金融体系，需要金融、财政、环保等政策和相关法律法规的配套支持，通过建立适当的激励和约束机制解决项目环境外部性问题。可以说，环境外部性的内生化是绿色金融的核心，也是实现绿色发展的关键。通过梳理出台的政策制度，总结了政府及监管层促进环境外部性内生化的多项举措，包括建立有效的产权制度，引入市场机制，完善环境监管体系，环境费—税改革等。

(一)明确产权,建立有效的产权制度

产权不清是导致外部性的重要原因,制约资源的有效配置。国务院办公厅印发《控制污染物排放许可制实施方案》,对完善控制污染物排放许可制度,实施企事业单位排污许可证管理作出部署。

(二)引入市场机制,发挥市场作用

通过排污权交易,推动环境污染成本的内生化,强化企业污染物减排的动机,减少污染物排放,最终便于政府的环境管理和宏观调控。国家发展改革委办公厅发布了《关于切实做好全国碳排放权交易市场启动重点工作的通知》,旨在协同推进全国碳排放权交易市场建设,实施碳排放权交易制度。

(三)完善环境监管体系,实施有效管理

科学有效的环境监管有利于解决环境外部性问题。国务院印发《土壤污染防治行动计划》,对今后一个时期我国土壤污染防治工作作出了全面战略部署,全面提升我国土壤污染防治工作能力。

二、强化信息披露,规范绿色标识认证

供需双方信息不对称是导致市场失灵的原因之一。对于绿色金融市场,规范发行人和行业信息披露,建立有效的统一绿色标准、认证、标识体系等措施对于发挥市场化约束机制、防范市场逆向选择和“漂绿”道德风险,以及树立绿色消费意识、带动绿色投资进而实现绿色金融市场的可持续发展具有重要意义。

(一)规范信息披露、强制性环境信息披露、引入第三方认证机制成发展趋势

上市公司年度报告内容与格式准则也规定,鼓励上市公司主动披露积极履行社会责任的工作情况,对属于国家环境保护规定的重污染行业的上市公司,还需披露主要污染物达标排放情况、企业环保设施的建设和运行情况、环境污染事故应急预案以及同行业环保参数比较等环境信息。

(二)构建统一的绿色产品标准、认证、标识体系

在构建统一的绿色产品标准、认证、标识体系的基础上,推进绿色产品信用体系建设,严格落实生产者对产品质量的主体责任、认证实施机构对检测认证结果的连带责任,对严重失信者建立联合惩戒机制,对违法违规行为的责任主体建立黑名单制度。

统一的绿色产品标准、认证、标识体系以及在此基础上形成的绿色产品信用体系建设可以有效降低绿色产品的识别成本，加强公众对绿色产品的监督，最终推动绿色项目绿色效益(成本)的内生化并成为绿色金融产品定价依据，更好地发挥绿色金融的资源配置作用，引导绿色资金投向产业升级和经济结构转型，实现绿色产业和绿色金融的协同发展。

四、产业政策不断加码，驱动技术升级与产业转型

国家出台了覆盖林业、节能环保、水利、煤炭、能源等众多领域的一系列“十三五”规划，通过产业规划与政策倾斜，引导市场资源配置，驱动技术升级与产业绿色转型。

(一)能源发展

国家发展改革委、国家能源局组织编制了《能源技术革命创新行动计划(2016—2030年)》，部署煤炭清洁化开采技术创新、非常规油气和深层、深海油气的开发技术创新、煤炭清洁高效利用技术创新等15项重点任务。电力、水电、风电、生物质能、煤层气、太阳能等“十三五”规划密集出台，对相应行业领域未来一段时期的发展目标与发展路径做了部署。

(二)污染治理

发改委和生态环境部发布《清洁生产审核办法》修订版，进一步规范清洁生产审核程序，更好地指导地方和企业开展清洁生产审核。为推进造纸、印染等11个重点污染行业实施清洁生产技术改造，工信部和生态环境部联合印发《水污染防治重点行业清洁生产技术推行方案》。生态环境部出台《民用煤燃烧污染综合治理技术指南(试行)》，提出了“民用煤污染治理应以环境空气质量改善为核心，采取因地制宜、综合治理、多措并举、分步推进的步骤实施”的治理总体思路。生态环境部发布《国家先进污染防治技术目录(VOCs防治领域)》《铅蓄电池再生及生产污染防治技术政策》和《废电池污染防治技术政策》，为管理部门和用户提供重要的参考。

(三)绿色制造与绿色发展

发展绿色金融，核心就是要发挥金融的资源配置机制，为实体经济提供高效的融资服务，从而推动实体经济发展，最终实现绿色增长。绿色金融对绿色产业发展和传统产业绿色改造的扶持，要始终契合国家发展战略，国家经济结构升级、经济发展方式转变的政策导向，要满足微观经济主体在不同发展阶段和不同发展水平的需求，将有限的金融资源用于支持清洁能源、节能环保、水资源、气候弹性农业、智能电网、低

碳运输体系等绿色经济领域发展,从而提升对绿色经济增长的支持服务能力。国家产业规划和产业扶持政策不仅是围绕落实生态文明体制改革顶层的配套政策,也是七部委《指导意见》在实体产业领域的重要配套措施。国家密集出台各个行业领域的规划指南和产业扶持政策,其意在通过政策导向引导技术升级和产业转型,最终实现全社会的绿色发展。国家产业规划和扶持政策的落实不仅为绿色资金提供低风险、回报稳定的资产,同时也为绿色金融服务绿色产业提供战略导向,实现绿色金融资本与绿色产业的有效对接,驱动绿色产业与绿色金融的协同发展。

随着绿色金融政策框架体系初步建立,绿色金融分析工具日趋多样化,环境信息披露制度不断规范,绿色产业政策方面不断加码,围绕解决绿色金融发展所面临的环境外部性内生化、绿色项目和资金来源期限错配、市场信息不对称、投资者的绿色分析能力不足等问题取得了一定的进步,绿色金融的整体发展环境逐步改善。

下一步落实顶层设计的相关政策将陆续出台,绿色金融政策体系将进一步完善,绿色金融各参与方的责任将进一步明确,绿色金融市场有望实现规范化发展。随着相关配套政策的细化和落地,绿色评级、认证评估体系的完善,环境压力测试在银行信贷、资产管理、信用评级等领域的不断推进,环境成本(效益)外部性内生化问题有望逐步实现,“绿色”因素将成为投融资决策中的关键因素,绿色金融将有效发挥其资源配资作用,驱动技术升级和社会经济结构转型,最终实现经济文明和生态文明协同发展。

第五节　我国绿色金融发展的逻辑

发达国家和新兴国家均开始关注绿色金融,将绿色金融纳入到政策体系之中。随着绿色金融理念的推广,近年来,不少国家开始采取行动推动绿色金融发展,机构投资者成为发达国家推动绿色金融的重要力量。我国应推广绿色金融理念,并将绿色金融纳入经济转型和生态文明战略,在金融改革和开放中发展绿色金融,积极参与相关国际合作项目。

一、国外绿色金融的实践与经验

近年来,国际上兴起了“绿色金融”概念,期望通过对金融体系的重塑来推动绿色和包容性经济的发展。就“绿色金融”的内涵而言,不仅指金融机构的投融资活动要“绿化”(即决策时要充分考虑环境因素,减少乃至停止对污染项目的支持,加大对治理环境项目的扶持)，而且要构建绿色金融体系的整体框架，调整实际运营活动，并将社会风险、治理风险等也纳入该体系中去。

(一)现有国际经验

总体上看，在“绿化”金融系统方面的国际经验还只是零散的、非系统的。金融政策决策者、中央银行、金融监管者以及金融和资本市场标准制定者对于环境的担忧也只是近期才有的现象。尽管如此，国际上在绿色金融发展方面仍然取得了一些进展。

从现有实践中得出的经验主要是：

第一，在存在投资者偏见或系统性风险时，需要宏观审慎监管的干预。特别当投资偏见可能影响风险定价、进而影响市场效率和公平交易，或者存在与特定环境风险相关的系统性风险(如空气污染或碳市场的法规出台对银行资产负债表的影响)时，更是如此。

第二，应把可持续发展置于金融风险管理的核心。越来越多的国家正在把可持续性因素加入(或考虑加入)法规中。目前的重点在银行层面。另一个新动向是建立一种特殊的评估机制，以使金融机构能够从环境和社会因素角度预测潜在的资产价值损害和波动。在欧洲国家，用“环境压力测试”来评估碳风险对长期资产持有者的影响的尝试已经开始。

第三，绿色债券市场可以成为重要载体。由于绿色债券作为中长期金融产品更容易被机构投资者纳入投资组合，绿色债券已经成为绿色金融的重要载体。为了进一步发展“绿色债券”市场，一些国家正在研究一些关键的政策问题，如保证市场统一的通用标准、鼓励增加资金流入的税收激励、实现机构配置的信用增级等。

第四，应使货币政策与绿色金融目标相协调。鉴于货币政策对经济和社会整体有广泛的影响，央行在绿色金融中的角色正在提上政策议程。央行在对已到期的证券进行再投资时的选择，会为绿色金融带来巨大机遇。另一方面，未来的货币政策工具会对绿色金融产生重大影响。

(二)近年来“绿色金融”的发展动向

第一，无论是在发达国家还是新兴国家，“绿色金融”的概念正在向更大范围扩散。在国际层面，联合国环境规划署建立了“设计可持续金融体系”项目工作组，以期探索如何促进金融体系与可持续发展更紧密结合的政策，乃至对金融体系进行系统性变革。世界银行发布《环境和社会框架：为可持续发展确定标准》报告，试图搭建绿色金融发展的框架、要求、标准和流程。

第二，越来越多的国家开始将绿色金融纳入到政策体系之中。随着绿色金融理念的推广,近年来不少国家开始采取行动推动绿色金融发展。

第三,机构投资者成为发达国家推动绿色金融的重要力量。目前在发达国家,机构投资者(养老基金、保险公司等)通过股东投票权、将不符合可持续发展理念的公司排除在投资组合之外等手段,对被投资企业施加影响(所谓"积极股东主义")。相应地,由于绿色债券作为中长期金融产品更容易被机构投资者纳入投资组合,绿色债券已经成为绿色金融的重要载体。

(三)对我国的启示

第一,应推广绿色金融理念,并将绿色金融纳入经济转型和生态文明战略。迫切需要将绿色金融理念纳入经济转型和建设生态文明工作,并为建设绿色金融体系组织专门研究。

第二,在金融改革和开放中发展绿色金融。一是建立"绿色"评估机制,把握我国绿色金融的发展现状和存在问题。二是加强绿色金融的制度建设。三是在金砖国家开发银行和亚洲基础设施投资银行运营机制设计中,明确绿色金融原则,并在这一原则指导下开展业务。

第三,积极参与相关国际合作项目,争取共识。在绿色金融领域,我国起步较早,且已得到国际认可,未来应以积极的态度参与可持续金融发展的相关国际合作项目,争取在未来国际绿色金融框架定义和设计过程中达成共识、统一标准、共同推进。

二、我国绿色金融发展的现状及面临的问题

绿色金融在我国的发展可追述至20世纪80年代改革开放时期。特别是近年来,我国的绿色金融在法律政策环境、规模体量和市场机构建设等方面均取得了成就,以绿色信贷为代表的绿色金融实践也已经走在世界前列。

(一)我国发展绿色金融取得的成就

首先,在政府的推动下,我国的绿色金融法规体系已经逐步建立。我国政府从改革开放伊始便注重环境保护问题,相关部门发布过一些与绿色金融相关的文件。进入21世纪,我国政府的环境保护思路,开始从主要运用行政手段转变为综合运用法律、经济、金融、技术等多种手段解决环境问题。目前,我国绿色金融政策体系主要包括两类:与绿色金融直接相关的政策,以及财税、价格和基础设施建设相关的配套政策。总体来看,我国绿色金融政策体系的基本框架已初步成型,对我国绿色金融市场的启动和发展起到了关键性作用。

其次,绿色金融的规模逐渐增加,对绿色可持续发展的支持程度逐步加大。无论

是绿色信贷、绿色保险还是绿色证券均取得了长足进展。

最后，主要金融机构及非金融机构发挥了不同作用。绿色信贷实施较早且相对完善，这与我国以银行业为主导的金融体系结构相关。同时，绿色环保文化，绿色低碳运营等概念也在银行领域体现的较为充分。三家政策性银行利用其业务的不同特点，针对不同领域，以不同方式支持绿色环保产业和生态环境建设。保险公司则通过环境责任险协助企业加强环境风险的管理能力，提升污染治理水平，减少污染事故发生几率，借此确保生态环境安全。私募股权和风险投资基金在回归价值投资的过程中，逐步加大对可再生能源和清洁技术等可持续性行业的投资。此外，中介服务机构及绿色非政府组织（NGO）也为推动绿色金融和绿色发展起到了重要的补充作用。

总体来看，绿色金融在资源配置方面对经济的转型调整起了一定促进作用。例如，绿色信贷在一定程度上抑制了“两高一资”项目贷款的占比，同时，对多数环保新兴产业提供了有力的支持。从地方的做法来看，多数省市也制定了自身的绿色金融发展战略，在引导金融机构支持节能环保产业方面逐步确立了更高层次、更长期的制度安排。

（二）我国经济转型对绿色金融的需求

近年来，我国政府正在努力摆脱过去“先发展，后治理”的模式，从资源消耗型经济过渡到资源节约型和环境友好型经济。

经济发展方式向绿色发展的调整，包括促进绿色产业发展和改造传统产业两个层面。从具体实践来看，未来政府的主推方向将是清洁能源、工业节能、建筑节能、交通节能、终端能效提高以及治理环境污染（包括消除已经产生的污染和遏制新的污染源）等。我国金融体系应在遵循金融行业本身发展的特征和趋势的同时，通过金融资源的配置作用，有效引导金融资源的流向，促进产业结构的调整，加速增长模式的转变，化解产能过剩，减少资源环境约束，为整个经济的转型发展提供强有力的支撑。另一方面，金融体系自身也需要寻找有别于传统金融的绿色发展模式，有效识别和防范环境因素导致的金融风险。

三、绿色金融行动框架——系统推进我国绿色金融发展的顶层设计

我国在发展绿色金融的顶层设计上已处于世界领先地位。《关于构建绿色金融体系的指导意见》出台，预示着我国将成全球首个建立比较完整的绿色金融政策体系的经济体。绿色金融理念的落实、绿色金融体系的丰富，最终需要务实行动。绿色金

融国家战略已得到了较好执行和落实，但全国各地情况差异较大。

为切实建立完善绿色金融体系，地方发展绿色金融需要从创新模式的丰富、资金来源的拓展及国际绿色金融合作等方面进一步加强。

（一）加强协调合作

以完善信息协调和共享为抓手，加强政府部门之间、政府与第三方机构的协调合作。发展绿色金融涉及“一行三会”、发改委、财税部门、环保部门、金融机构以及社会中介机构等多方主体的职责，需要建立稳定的跨部门协调机制，确保绿色金融政策的统一性和稳定性。同时，构建工业管理部门、环保部门与金融监管部门的双向信息沟通与共享平台，及时沟通有关环境保护的技术信息、行业标准以及违法违规处置情况。此外，中央政府和地方政府还应建立与第三方机构的协作机制，充分借用社会监督、社会评估的力量，及时反馈执法和政策落实情况，提高政府工作效率。

（二）加快调整符合绿色发展需要的投资组合

完善绿色金融政策支持体系，引导金融机构加快绿色金融产品创新、投资者调整符合绿色发展需要的投资组合。究其本质，绿色金融是在政策引导和鼓励下，通过包括贷款、基金、债券、股票、保险等金融服务，将社会资金引导到支持环保、节能、清洁能源等绿色产业的一系列制度安排。从经济学原理分析，绿色金融通过金融政策和产品、服务创新形成新的金融发展范式，将绿水青山的隐性收益和污染的隐性成本显性化，重构资金的价格形成机制，通过政策和市场信号降低自然资源和碳密集型投资的经济价值，改变金融主体的行为偏好。原则上，应比照当前对农村金融和小微企业的支持力度，建立和完善绿色金融政策支持体系，推进财税政策、货币政策、信贷政策与产业政策的协调与配合，强化对金融机构开展绿色金融业务的激励和约束。

1. 促使货币政策与绿色金融目标相协调

货币政策对经济和社会整体有广泛的影响。央行关于利率水平、通胀目标和汇率所采取的行动是投资决策的关键因素。货币政策可以采取的措施：一是对货币政策工具进行结构化设计，如将存款准备金率、利率、SLO（短期流动性调节工具）、SLF（常设借贷便利）等常规货币政策工具与“绿色金融”挂钩，以进一步发挥货币政策定向微调的功能。二是制定专门的“支绿”再贷款政策。三是在调整央行资产结构时，增加“绿色”因素（如购买绿色债券）。在宏观调控需要实施量化宽松的货币政策时，尽可能形成“绿色量化宽松”。四是将环境相关风险纳入评估金融稳定性的指标体系和模型，制定一个绿色宏观、微观评估框架，以及一套标准化的环境评估方法，以使监管机构和政策制定者能够测量、评估并且对企业与环境政策目标相关的活动。该框架可以帮助监管机构审查整个金融体系的环境风险影响，评估金融机构在“看似不可能但真实存在的”情境下的弹性，并引导宏观审慎监管进行相应的调整。

未来还需要进一步探寻货币政策与绿色金融的关系，包括：央行的决策对绿色和包容性增长的目标产生的重大影响；确定并消除当前货币政策中与绿色经济目标不匹配之处；审核差别存款准备金要求的应用，及其与绿色金融目标相匹配的可能性；提升关于环境退化和资源稀缺可能对价格和金融稳定性产生的影响的认知能力和知识储备；更好地理解利率水平对能源、水和资源安全领域所需长期投资的影响。

2. 在银行监管政策中融入绿色金融内容，并将可持续发展作为金融风险管理的重要内容

目前，越来越多的国家正在把可持续性因素加入(或考虑加入)金融监管体系。从我国的国情出发，可以采取的措施：一是对符合条件的绿色信贷不计入存贷比考核指标。二是引入环境压力测试制度，开发适用于不同类型金融资产组合的环境压力测试的标准、评测体系和方法。三是树立“绿色资产”在抵押担保方面的优惠地位。四是为绿色信贷建立更加便捷的证券化通道。

3. 促使证券市场监管政策与发展绿色金融协调，加大发展绿色债券市场的力度

当前我国绿色投资实践中的市场化融资渠道，主要是商业贷款。相对于绿色投融资的实际需要，这种相对单一融资结构的可持续性相对较低。而我国绿色投资资金来源主要依赖银行贷款的现实状况，并不是投资主体选择银行贷款的意愿更强，而是由于其他融资渠道存在制度性限制。针对上述问题，未来证券市场的监管政策应重点围绕三个方面推进：一是积极建设绿色债券市场。二是建立上市公司和发债企业环境信息强制披露机制。三是推动建立绿色投资者网络，完善投资者社会责任体系。

发展绿色债券市场的具体方法主要包括以下几个方面。

第一，需要对什么是与债券挂钩的绿色投资给出明确的标准和定义。应建立一个得到政府认可的定义(可以涵盖可再生能源、能效、低碳交通、水、废物管理、可持续农业和气候变化对策等领域)，并通过建立政府认可体系或第三方机构为公司债券发行人以确保债券的“绿色”，为公司债券发行人提供便捷通道。

第二，形成一个以绿色债券为主的债券交易市场需要大量的绿色贷款。相比非绿色贷款而言，对绿色贷款提供差别价格机制(或为绿色债务性产品提供差别银行资本充足率要求)可以有效增加绿色信贷。

第三，为绿色证券提供信用增级。

第四，在一定范围内对绿色债券投资收入给予免税，以支持对绿色债券的投资。

第五，各级政府和政府相关机构可以发行具有双重追索权的绿色债券或有政府担保的收益债券。以便为投资者提供分析绿色资产表现的经验，使投资者避免暴露于更高的风险。随着投资者对绿色资产的表现更加熟悉，市场可以发展为绿色资产担保证券。

第六，发行绿色城市建设债券。这类债券可用于资助一系列绿色项目，特别是对我国城市化发展来说非常重要的交通运输、可再生能源和清洁用水项目。绿色城市债券可以在国内市场，或以人民币结算的离岸债券市场发行，以吸引更广泛的投资者。

在证券监管政策方面，还可以通过开发，既与政策目标相连，又能获得公共部门激励措施的环境友好型基准股票和债券指数。这些指数产品可以直接植入股票市场管理规则中，也可以与针对资产管理公司的激励措施（如税收优惠）相关联。

4. 促使保险监管政策与发展绿色金融相协调

为此，一是要拓展绿色保险的定义及范围。现有绿色保险的定义和范围过窄，限制了保险人更好地了解、预防和减少环境风险的潜力和支持环境可持续发展积极性的发挥。绿色保险不仅仅是应对短期环境污染事故风险的工具，更是解决气候变化等长期风险的一种有效机制。拓展绿色保险定义的目的是促成对环境风险管理形成一套综合方法和各种各样的保险解决方案（如太阳能电池板和风力涡轮机的履约保险、能源和水效率建筑保险、“按里程付费”保险）。二是要进一步改进和提升环境污染责任保险制度，包括建立健全环境污染责任保险相关的法律法规体系、优化地方政府在环责险发展中的角色定位、出台必要的财税政策支持环责险的业务发展、对环责险制度的效果进行评估等。三是加快建立完善环境污染损害鉴定评估机制，规范环境污染事故的责任认定和损害鉴定工作，健全环境损害赔偿制度，支持和鼓励保险经纪机构提供环境风险评估和其他有关保险的技术支持和服务。

5. 财政政策在支持绿色金融方面可以发挥更大的作用

在继续通过财税、价格、土地等政策鼓励和支持企业进行绿色投资的同时，政府政策和政府信用应尽可能由直接用于满足融资需要本身，更多地将其转向对市场化绿色金融供给的激励上。换言之，财政信用和财税政策，除了更集中于必需的领域之外，应更多用于支持绿色金融供给的渠道拓展和金融产品创新，而不是简单地对绿色金融供给的替代。

可以推进的举措包括：一是伴随金融业“营改增”的税制改革，对各类金融机构开展绿色金融业务的收入实行适当的所得税和增值税优惠。二是会同人民银行、银保监会，研究制订科学、便捷、有效地对绿色投资项目的贴息制度，甚至可以将直接发放给企业的节能奖励转化为信贷贴息，以市场的手段确保财政资金使用的效率性、公平性和普适性。三是对绿色债券的投资收入减免税收，以支持绿色债券投资和绿色债券市场发展。四是通过政府采购，更多地支持绿色企业发展，以增强绿色金融的稳健性。

（三）大力培育中介服务体系，加快绿色金融基础设施建设

绿色金融项目通常技术较为复杂，难以全面准确揭示项目风险，需要专业技术评估的支持。为此，要在发挥现有中介服务机构作用的基础上，加快培育和完善独立的第三方评估机构，建立规范高效的交易市场，完善二级流转市场，提升对绿色金融服务的支持效率。

在绿色金融基础设施方面，一是以政府购买服务的方式，建立公益性的环境成本信息系统，打通各个环节。目前缺乏项目环境成本信息和分析能力的瓶颈，为决策者和全社会投资者提供依据。二是建立绿色评级体系，尽快进行绿色评级试点。研究绿色因素对主权政府、地方政府和企业评级的影响路径、影响程度等，合理确定评级标准与方法。

（四）发挥政策性金融机构在绿色金融领域的引导作用

可以采取的措施包括：一是建立国家级“绿色金融专项基金”，资本金部分来自政府（污染罚款、环境税和财政收入划拨等），部分来自社会资本（包括社保基金、保险公司和其他具有长期投资意愿的市场机构），通过引入激励机制，直接在股权层面撬动社会资本。二是要求现有政策性银行信贷进一步“绿化”，按照“赤道原则”调整业务流程和产品结构；同时，政策性银行应在成为银团贷款牵头行为时，对贷款用途有更清晰的导向，支持节能环保的投资项目和对被投资企业施加影响。在政策性银行内部应设立专门的绿色金融部门，主要负责对信贷对象和信贷组合进行基于绿色金融标准的评估。三是对现有政府系的各类基金（如社保基金、医保基金、住房公积金等）的投资活动增加社会责任要求，更好地发挥政府的投资引领作用。

第二章 绿色金融的发展必要性

经济发展与能源和环境之间的矛盾使得绿色发展、低碳发展和可持续发展等已经成为世界各国的普遍共识。我国作为世界上最大的发展中国家,经济发展与能源和环境之间的矛盾显得更加突出,低碳发展刻不容缓。低碳产业是在近年来全球环境不断恶化,低碳经济受到普遍关注的背景下,诞生的以低能耗、低污染为基础的新兴产业。而低碳产业技术是能够从根本上有效控制温室气体排放、提高能源使用效率的手段。但低碳产业技术需要依靠突破性的创新,具有成本高、周期长、政府的参与性强等特点。金融是现代经济的核心,在整个经济社会的快速发展中起着支撑和调控的作用。金融通过融资、风险分担、资源配置和信息揭示等功能支持低碳发展。因此,绿色金融的发展可以有效促进低碳经济的发展。最后,本章将应用面板 VAR 模型对金融支持低碳产业发展进行实证研究,深入说明发展绿色金融的必要性。

第一节 低碳发展的必要性与低碳产业技术创新

在人类进行以工业化和城市化为代表的现代化进程中,随着二氧化碳等温室气体排放的不断增加,全球气候正面临着以变暖为主要特点的变化。全球气候变暖将会给人类社会带来一系列的灾难性后果,如冰川融化、海平面上升、极端气候出现、自然灾害频发和世界粮食减产等。虽然大气中二氧化碳增多是气候变暖主要原因的论点还需要进一步的证实,但经济发展与能源和环境之间的矛盾使得绿色发展、低碳发展和可持续发展等已经成为世界各国的共识。低碳经济是一种低能耗、低污染、低排放的可持续经济。低碳经济的发展已经不局限于应对全球气候变暖的初衷,现在更多地体现了人类经济社会可持续发展的迫切需要,发展低碳经济已经成为全世界经济发展的趋势。因此,如何实现低碳经济的发展已经成为当前经济发展中的迫切问题。

我国作为世界上最大的发展中国家,经济发展与能源和环境之间的矛盾显得更加突出。大气污染只是目前我国环境污染中的"冰山一角"水污染、陆地污染和海洋污染等渐渐成为制约我国经济社会可持续发展的客观因素,低碳发展刻不容缓。

低碳产业是在近年来全球环境不断恶化、低碳经济受到普遍关注的背景下，诞生的以低能耗、低污染为基础的新兴产业。目前，低碳产业并不存在清晰统一的行业划分，总结多位学者的阐述，可以对低碳产业定义为，在生产和消费的过程中，能够使得各阶段的碳排放量最小化或者实现无碳化的产业。

低碳产业发展的核心与主要目的是实现低能耗、低污染、低排放，低碳产业技术就是能够从根本上有效控制温室气体排放、提高能源使用效率的手段，也是目前推进我国低碳产业快速发展的重要动力所在。

归纳整理已有的研究成果，可以将我国的低碳产业技术分为 3 个类型：第一类是指减碳技术，即节能减排技术，主要关注如何提高传统能源及新型能源的使用效率，实现对高能耗、高排放领域的节能减排，例如传统煤炭资源的清洁高效利用、高效节能建筑技术、高效电网传输技术等；第二类是指无碳技术，即清洁能源技术，主要关注寻求新一代非化石燃料或低排放的化石燃料来替代传统的高排放化石燃料，例如新一代的太阳能、风能、先进核能、生物质能等可再生替代能源技术；第三类是指去碳技术，即碳隔离技术，主要以碳捕获和碳封存（CCS）技术为主，实现对温室气体的无害化处理或进行资源化利用。

对低碳技术的概念可从广义和狭义的角度来分别界定，狭义的低碳技术是指涉及电力、交通、建筑、冶金、化工、石化等部门以及在可再生能源及新能源、煤的干净高效应用、油气资源和煤层气的勘察开发、二氧化碳捕获与封存等范畴开发的有效掌握温室气体排放的新技术。广义的低碳技术实际上是低碳化技术，是指在各类行业的生产、运输、消费等过程中提高能源的使用效率，减少碳排放的新技术。

一、促进低碳产业技术创新的要素特点

一般行业的创新活动可以依据其创新的强度特点分为渐进式创新和突破式创新。渐进式创新是在同一条曲线上的变化，它主要是指对目前已有技术的改进，而非质变的技术突破，其技术创新水平的增长是一种连续和线性的过程；而突破式创新则表示为曲线的整体移动，是指技术的显著进步，新的技术出现并取代旧的技术，从技术效率或生产规模扩大角度来看，突破式技术创新实现的是技术的质变。

从实际情况来看，各类产业的低碳化应该属于渐进式创新，其主要内容是对原有资源使用方式的改进。但本节研究界定的低碳产业技术创新应该属于一种突破性的创新，其实质是对能源的生产与使用进行革命性的改革，这将成为一种技术范式的转变，这种转变对我们现有的社会与经济体系都会产生重要的影响。与此同时，目前我

国大部分产业的技术创新都还是属于渐进式的创新，与这类产业的技术创新活动相比，促进低碳产业技术创新具有一些显著的要素特点。

二、促进低碳产业技术创新的成本较高

一般行业技术创新的主要目的与驱动力是追求经济利益的最大化。在这一过程中，往往忽略了生态环境因素，甚至是以二氧化碳的过度排放为代价。但低碳产业完全不同，其技术创新的主要目的和驱动力是生态与环境效益，经济利益只作为附加效益，低碳产业技术创新水平的提升就是为了彻底结束以经济利益为唯一追求的高碳化技术创新发展模式。

一般行业的技术创新过程中，环境与生态价值被视做外部边际费用，而为了追求利益最大化，行业将更多地关注如何降低其内部边际费用，对于外部费用并没有纳入成本的考虑范围，有时甚至将利益的获取建立在破坏生态环境的基础上。而低碳产业技术创新必须将资源与环境因素等外部边际费用纳入成本的考虑范围之内，在技术创新的各个环节提高资源利用率，有效降低碳排放。低碳经济条件下的技术创新包含了资源与环境方面的目标，因此其结果也具有很强的外部性特征，具体表现为低碳技术的收益很大一部分为社会公共收益而并非创新主体的经济收益。因此，我国在大力倡导低碳经济发展，不断突破低碳产业技术创新瓶颈的过程中，除了追求低碳产业所带来的经济效益外，更为重要的是引导经济体系由目前的高碳化发展向低碳化发展的整体转变，而这种转变在短期之内可能无法看到过多的经济效益，甚至对于某些传统能源行业还会造成限制。因此，在现阶段，我国低碳产业的技术创新需要有大量的长期资金投入，这些资金光靠国家的投入是不够的，因此需要寻求更多的资本供给途径，才能看到更为长远的经济效益。除此之外，低碳技术创新过程相对复杂，风险较大且难以提供与风险相匹配的较大经济收益，多数创新主体积极性不高，因此，低碳技术创新无法完全依靠市场推动。

三、促进低碳产业技术创新的周期较长

一般行业的技术创新主要为渐进式的技术创新，基本体现为现有技术的改进，因此在创新过程中主要涉及的是产品的生产、工艺和设备的革新等环节。但低碳产业技术创新是一种从根本上生产理念的变革，因此其将贯穿于整个产业的方方面面。包括研究开发、生产设计、销售运输、产品消费、废品处理等所有环节。同时，低碳技术创新多为突破式的创新，是对原有技术的颠覆性改造，因此其技术创新的过程中需

要先有大量的理论基础研究，在理论的基础上再实现技术的成果转化。

因此，这些都决定了低碳技术创新较一般行业具有更长的研发生产周期。在这个周期内的各个阶段，都需要有大量的资本或人力资源投入。此外，较长的技术创新周期必然伴随着更多的资源投入，创新主体在这一漫长的过程中面临着更大的风险。

四、促进低碳产业技术创新中政府的参与性强

低碳产业技术创新是推动我国经济制度改革的主要动力，这与一般行业技术创新的出发点有所不同，除了追求经济效益的提升之外，更多地考虑环境和资源等社会性公共因素。因此，低碳产业技术创新过程中除了资源提供者与创新主体之外，还必须有政府的参与。一方面，政府通过制度安排，出台相关法律等推动低碳产业技术水平的发展，另一方面，政府也可以通过政策倾斜影响社会资源配置，从而实现对低碳技术创新的支持。

第二节　金融支付低碳的功能

金融是现代经济的核心，在整个经济社会的快速发展中起着支撑和调控的作用。有效地发挥金融的支持作用，可以高效地引导低碳产业规模和水平的快速壮大，使金融支持成为低碳经济发展的外部催化剂。

金融市场的功能是指对整个社会经济发展、产业发展过程中金融市场所发挥的作用和效能，它是一个较大的体系，是由较多功能组成的一个整体。在一般情况下，服务于产业推动的金融市场功能可以分为原始功能和深化功能两类，这两类都属于金融市场的微观功能。

一、资金供给、融资功能

金融市场的本质在于资金的融通。多元化的金融市场体系能够为处于产业发展各阶段的低碳产业技术创新主体提供融资。银行等间接融资市场可以为低碳企业提供中短期的资金支持，也可以提供长期的资本支持；风险投资市场主要针对初创期或成长期的创新型企业，扶持仍处在研发阶段的技术成果逐步产业化；分层次的股票市场既可以实现对中小型企业的资本支持（中小企业板、创业板），也可以实现对发展到成熟期的大型龙头企业（主板）的资金融通；债券市场主要针对达到一定资产规模的成熟期企业。

对于投资者来说，金融市场以资本利润最大化为目的，因此在交易活动过程中会吸引各种形态、不同诉求投资者的资金聚集于此，通过市场的调节作用，使得金融资源向高盈利性的领域流动。因此，金融市场的融资功能是为资金的高效流通提供了一种途径，使得那些具有较大发展潜力的行业能够较为容易地以较低的成本获取其各发展阶段所需要的金融资源。

二、风险分担功能

随着我国市场经济体制的逐步确立，在金融市场与产业经济互动发展过程中，市场竞争日趋激烈，使得我国的经济活动尤其是金融体系内孕育着各类风险或潜在风险，金融市场的核心功能之一就是风险分担，它主要通过以下几个途径实现：一是金融市场可以通过自身多元化的市场工具来调整投资主体在市场上持有产品的多样化，从而将市场上现有的或潜在的风险分散化，并达到逐步化解；二是对于资金需求方来说，可以通过金融市场寻求到不同渠道的投资者，这就相当于将一个项目的风险分散到多个投资者身上，将有利于实现市场融资结构的多元化，分散投资行为过度集中所导致的风险；三是金融市场能够为市场提供交易价格信号，直观反映被投资方的潜在价值，通过价值发现来筛选出最有价值的投资目标，引导金融市场大量资金向优质项目流入。

三、资源配置功能

在产业经济发展过程中，充足的资源供给是发展的基础。在目前我国的经济体制下，资源的配置早已不是通过政府分配的方式，而是更倾向于市场化的配置手段，而在高度市场化的发达国家经济体系中，金融市场是资金配置的主要方式。金融市场能够引导资金流向更优质的投资项目，使市场上的资源配置达到“帕累托最优”。金融市场实现资源配置的主要方式是以其灵敏的交易价格为信号，通过需求供给和交易的手段来引导资源的使用方向。

金融市场的资源配置功能可以引导资金流向收益率较高的产业项目，也可以引导资金流向国民经济体系中需要重点扶持、急需发展的产业项目，即通过资本的流通将稀缺的资源有效地分配到最需要的产业领域。同时，相比于一般的资源分配方式而言，金融市场还能够有效地降低资源配置成本，实现资源信息的高效流通。

四、信息揭示功能

由于市场交易过程中，各参与者获得信息的渠道不同、时间点不同、侧重点不同等都会导致资金供给者与资金需求者之间存在着信息不对称的现象。这种信息不对称现象的存在会导致资金供给者对市场产生不同的预期行为，而不同的预期行为将导致金融工具的价格趋势产生相应变动，从而影响整个金融市场效率。金融市场作为资金供给者与需求者之间的交易平台，可以实现对交易过程中涉及的相关信息及时发现、传递和处理，降低市场参与者之间的信息不对称性，有利于更多的资金流入。

在市场经济高度发达的条件下，金融市场依靠其自身的功能特点建立起了较为完善的信息揭示机制，使得参与市场交易的公众及组织机构都能够以较低的成本和尽量简洁的方式获取真实有效的相关信息，以此来甄别和选择适当的投资机会。金融市场实现信息揭示的方式之一是通过其价格信息，资金供应者与需求者的交易行为直接作用于公开的市场价格，通过价格信息传递出市场对于项目信息的充分判断，从而为市场参与者提供投资依据。其次，金融市场本身还能够对投资项目进行评估，并为广大投资者提供评估信息。金融市场其庞大的社会信息网络能够全面迅速地获取项目信息，从而帮助单个投资者或机构投资者筛选出高投资价值的项目，大大降低投资者的信息甄选成本。

第三节　金融发展与低碳经济的相互关系

为了更加深入地分析金融发展与低碳经济的相互关系，本节搜集具有代表性的跨国面板数据，运用面板 VAR 模型从宏观上对金融发展和低碳经济进行实证研究。研究表明，传统的以营利为唯一动机的金融模式依然占据主导地位，金融主要服务于经济增长而没有较多地关注温室气体的减排，但低碳经济的发展促进了金融创新，推动着金融的发展，金融发展与低碳经济是既对立又统一的辩证关系。因此，我国应转变传统的以营利为唯一动机的金融模式，积极发展绿色金融。

一、数据与研究方法

自 Sims 首次提出向量自回归（VAR）模型以来，在经济研究中，向量自回归模型已经获得了广泛的应用。在 VAR 模型中，不再区分内生变量和外生变量，所有变量都被看作是内生的，对模型系数不施加任何约束，即每个方程都有相同的解释变量——所有被解释变量的若干期滞后值。但是，随着模型中变量数的增加，向量自回归模型的待估参数将成倍增加。于是，只有当研究者能观测到较大的样本观测值的时候，才能有效地估计模型的参数。然而，面板数据的优势之一就是可以获得更多的样本观测值。这样,人们自然而然地想到建立面板数据的向量自回归模型(面板VAR)。

近年来,面板VAR模型在一些经济问题的研究中得到了广泛的应用。本节拟通过选取特定的金融发展指标和低碳经济发展指标,采取涵盖多个国家的具有代表性的宏观跨国面板数据,运用面板VAR模型进行建模,综合分析金融发展和低碳经济的动态关系。

(一)指标选取

(1)人均碳排放水平。根据对已有研究文献的总结,衡量一个国家或经济体低碳经济发展水平的指标主要有人均碳排放水平、碳能源强度和碳经济强度等。而本研究的数据来源于不同经济发展水平的国家,故本节选取人均碳排放水平作为衡量低碳经济发展水平的指标。人均碳排放水平越低,说明低碳经济发展越好。人均碳排放水平具有公平的含义,人均碳排放水平不仅与经济发展阶段密切相关,而且与生产和消费模式也密切相关。

(2)M_2/GDP。金融发展指标可以揭示金融发展的水平与质量。金融发展指标已经从最初的金融相关比率的提出发展到目前丰富多样的金融发展指标体系。McKinnon提出金融抑制论时,提出了用M_2/GDP来衡量一国金融深化程度。这一指标又被称为经济货币化指标,反映了货币金融体系的制度中介和动员储蓄职能。

(二)面板VAR模型

传统向量自回归模型把系统中的所有变量都当作是内生的,面板数据模型允许存在无法观测到的个体异质性,面板VAR模型可以结合传统VAR模型与面板数据模型这两者的优点:面板VAR模型既能够控制不可观测的个体异质性,也可以分析遇到冲击时各个变量的动态反应。我们通过构建面板VAR模型来研究金融发展水平与低碳经济发展水平之间的关系。

为了较好地估计模型参数,需要做下列假设:

如何确定面板VAR模型的滞后阶数是面板VAR建模中的一个难点。在实践中,人们往往采用信息准则法来确定最优滞后阶数。在这里,我们用赤池信息准则(AIC)和施瓦茨信息准则(SC)来判断,选择的最优滞后系数应是使AIC值或者SC值达到最小的那个滞后值。

使用面板VAR模型对面板数据进行估计时,通常需要消除样本中的固定效应。由于存在因变量的滞后项,使得固定效应与回归量相关,因而通常使用的均值差分方法可能产生有偏估计。为了避免这一问题,这里使用“向前均值差分”来消除个体的固定效应，也被称作“Helmert 过程”。这一方法通过消除每个个体向前的均值，即每一时期未来观测值的均值，保证了滞后变量与转换后的变量正交，进而与误差项无关，因而可以使用滞后变量作为工具变量，采用系统 GMM 的方法进行估计。模型中还引入了时间虚拟变量来表示每一时期的差异性，我们通过减去对应变量的相应年度的均值来消除这一时间虚拟变量。

面板 VAR 模型从结构上来说是一个动态的模型，内生变量的相互影响往往需要在多个观察期内考察；而且模型的主要解释变量是被解释变量和其他内生变量的滞后值，从而构成一个相互作用的系统，单个变量系数的意义是很难确认的。于是，面板 VAR 模型的 t 检验不能直接揭示某个给定变量的变化对系统内其他变量产生的影响是正向还是负向的，以及这个变量的变化在系统内会产生多长时间的影响、在什么时间产生怎样的影响。为了弥补上述面板 VAR 模型的缺陷，发挥面板 VAR 模型的作用，应用中常常在估计完模型后考察面板 VAR 模型的脉冲响应和方差分解。

脉冲响应函数是用来衡量随机扰动项的一个标准差冲击对其他变量当期及未来取值的影响，它能够比较直观地刻画出变量之间的动态交互作用及效应。

为了估计脉冲响应函数，我们需要估计它们的置信区间。因为脉冲响应的矩阵由面板 VAR 模型估计系数构成，所以这些参数的标准差需要考虑进去。我们通过计算脉冲响应函数的标准差和进行蒙特卡洛模拟来产生置信区间。

虽然脉冲响应函数能够直接解释各变量对特定的冲击响应的符号及响应的幅度，但是不能比较响应的强度。方差分解则通过计算每一个结构冲击对内生变量变化的贡献程度，进一步分析和评价不同冲击的重要程度。从数值上说，某个指标的方差分解数值越大，表明该指标对因变量的解释能力越强。

方差分解中，我们只给出累积 10 年的贡献度，更长期的分析将会得到类似的结果。

(三)数据

本研究主要收集了世界 30 个主要国家 1999—2009 年共 11 年的数据。数据来源于世界银行 WDI 数据库和国际货币基金组织(IMF)的《国际金融统计》。其中，表示人均碳排放量(y)的观测值为 330，表示金融发展水平 M_2/GDP(x)的观测值为 329，其中加拿大 2009 年的金融发展水平指标缺失。由于数据过多，这里只给出数据概要。

二、实证结果与分析

在通过了平稳性检验后，利用信息准则确定面板 VAR 模型的滞后系数并对面板

VAR 模型进行系统 GMM 估计，再进行蒙特卡洛模拟得出模型的脉冲响应和方差分解，最后进行结果的分析，实证分析的软件为 Stata11.0。

（一）平稳性检验

正式分析之前，要对数据进行平稳性检验，否则会产生伪回归等一系列问题，使得实际上可能并没有内在联系的估计结果在统计检验上却很显著。传统的 ADF 方法在检验面板数据时是低效的。同时，由于数据缺失，使得 LevinLinChiu 面板单位检验、HarrisTzavalis 面板单位检验和 HadriLM 面板单位检验无法使用。为此，本研究分别采用 IMPesaranShin 面板单位根检验方法和 Fisher-type 面板单位根检验方法来检验面板数据的平稳性。

（二）面板 VAR 模型的估计结果

在估计面板 VAR 模型之前，我们要选取滞后阶数。在这里，我们用赤池信息准则（AIC）和施瓦茨信息准则（SC）来判断，一般是依据信息量取值最小的准则确定面板 VAR 模型的滞后系数。

（三）结果分析

结合面板 VAR 模型和脉冲响应及方差分解结果，我们可以得出以下分析结果：

第一，传统的以营利为唯一动机的金融模式依然占据主导地位。从脉冲响应分析中，我们看到金融的发展会引起人均碳排放量正的响应，说明传统的以营利为唯一动机的金融模式依然占据主导地位，当前金融发展并没有较好地支持低碳经济的发展。主要原因在于当前发展依然是世界各国普遍追求的首要目标，特别是广大的发展中国家把发展放在更加突出的地位。因此，金融发展主要服务于经济的增长而没有过多关注温室气体的减排。此外，虽然《联合国气候变化框架公约》的核心原则是“共同但有区别的责任”，但世界各国对减排依然存在较大的分歧。

可见，传统的以营利为唯一动机的金融模式依然占据主导地位，金融主要服务于经济增长而没有较多地关注温室气体的减排。所以，从宏观上来说，当前金融发展并没有较好地支持低碳经济的发展也是符合事实的。

第二，低碳经济的发展可以促进金融的发展。从脉冲响应分析中，我们看到人均碳排放增加会引起金融发展负的响应。反之可得，低碳经济的发展可以促进金融的发展。

低碳经济的发展需要通过科技创新和技术改造等手段降低资源能源消耗、减少废弃物排放，推动产业结构升级。在促进低碳经济发展的结构调整过程中，无论是服务业的大力发展还是工业结构的内部调整,必然需要大量资源的重组、大量新技术的应用以及一些企业的创立或退出等,但在目前贷款融资占据主导地位的金融服务环境下,低碳产业发展所需要的金融服务难以得到满足。此外,从经济发展的技术角度看,一个突破性的技术进步和创新,是难以事前规划和设计的,需要广大企业进行充分试验和探索,具有较大的风险,这就要求有恰当的金融服务形式来分散这种技术进步中可能产生的风险,同时也应当有足够的激励来奖励符合市场需求的创新和技术进步,显然这是难以依靠银行信贷来推动的,也难以完全依靠财政资金来规划,需要依靠金融创新来形成有效的风险分散和激励的金融市场,以提高企业积极性,加大对技术进步研究的投入。

因此,低碳经济的发展可以极大地促进金融创新,推动金融的发展。低碳经济的发展导致经济结构、产业结构、消费模式的变革,必然会引起金融业发生结构性革命,由传统金融走向碳金融。

第三,金融发展与低碳经济是既对立又统一的辩证关系。从前面的分析可以看出,一方面,传统的以营利为唯一动机的金融模式依然占据主导地位,当前金融发展并没有较好地支持低碳经济的发展,金融发展与低碳经济存在对立关系;另一方面,低碳经济的发展可以极大地促进金融创新,推动金融的发展,金融发展与低碳经济又是统一的关系。

第四节 金融支持新能源产业的发展

新能源又称非常规能源,是指常规能源以外的各种能源形式,是随着新技术的出现而陆续被人类转化为能量的资源,如太阳能、风能、海洋能和地热能等,与常规能源相比,新能源常常以可再生和环保为特征。由于能源是人类赖以生存和发展的物质基础,因此,新能源的发展构成了低碳经济的核心,开发利用新能源是发展低碳经济的基本保证。但 Kramer 和 Haigh 指出由现有的“高碳”能源结构向“低碳”的能源结构转变并非易事,存在各种经济和非经济的障碍,政府需要制定各种金融和非金融等政策来促进低碳能源的发展。金融作为现代经济发展的核心,在新能源产业培育、发展与升级的过程中发挥着重要的支持功能。Fangmin 和 Jun 利用 55 个国家的面板数据说明金融中介的发展促进了可再生能源的发展。ElKarmi 和 Abu-Shikhah 指出风险投资和绿色信贷等可以有效地促进可再生能源的发展。

本节应用了具有代表性的跨国面板数据,从宏观角度运用面板 VAR 模型对金融支持新能源产业发展进行实证分析。研究表明,金融行业可通过直接融资或间接融资支持新能源产业发展,且间接融资的贡献要大于直接融资;此外,新能源产业的需求富有弹性而供给缺乏弹性,普遍存在融资困难等问题。因此,应积极发展绿色金融,促进新能源又好又快发展。

一、实证研究设计

金融是现代经济的核心,在国家产业的快速发展中发挥着至关重要的支持作用。有效地发挥金融的支持作用,可以高效地引导新能源产业规模和水平的快速壮大,使得金融支持成为新能源产业规模和水平快速壮大提升的外部催化剂。因此,新能源产业发展的金融支持过程,也就是通过金融资源的二次优化配置来实现新能源产业的发展目标。

金融支持新能源产业发展的体系是以信贷市场为主导的间接金融体系和以资本市场为主导的直接金融体系为两大主体,通过两大主体的相互协调作用,通过金融资源的优化配置,保障新能源产业发展目标的顺利实现。实证研究表明整体融资规模的扩大有利于促进产值增长,但不同的融资方式对产值的效率存在差异。

(一)指标选取

通过翻阅与新能源有关的大量文献,综合新能源技术专家和经济学家、金融专家及学者等的意见,本节选取以下指标进行实证研究。

(1)银行部门提供的国内信贷/GDP。选取该指标衡量金融中介的发展,即代表间接融资的发展。一般而言,产业发展的速度越快,作为金融体系的主体,存款银行规模将不断扩张,银行部门提供的国内信贷/GDP指标会有较大程度的上升。银行,特别是商业银行具有创造和收缩存款货币的功能,对社会经济生活影响极大,对产业和国民经济的发展起着重要的作用。银行部门提供的国内信贷受存款、货币供给、利率和央行的政策等因素影响,银行部门提供的国内信贷/GDP的增长可以综合反映金融中介的发展。同时,银行部门通过为新能源产业提供短期信贷,满足新能源企业的短期资金需求;还可以通过提供中长期信贷,满足新能源企业的固定资产更新和开发性生产等。

(2)上市公司的市场资本总额/GDP。该指标反映市场资本化比率,用来衡量证券市场的发展,即代表直接融资的发展。市场资本总额(也称做市场价值)是股票价格乘以已发行股票的数量;国内上市公司已发行股票的数量是指截至年末在国内注册成立的公司在该国股票交易所挂牌的股票数量;上市公司不包括投资公司、共同基金或其他集体投资工具。虽然大的市场并不必然高效运转,而且税收会影响公司挂牌上市的意愿,但通常该指标隐含的经济意义是市场规模越大,资本转移和风险分散的能力越强。而且在该指标增长时,在现实中表现为牛市,这时公司无论是新发股票还是增发股票都较容易成功,融资成本也较低。证券市场主要进行长期的融资,证券市场的发展可以为新能源产业的发展提供长期资金,从而促进新能源产业的长远和健康发展。

(3)利用可再生能源的电力生产(不包括水电)/电力生产总量。考虑到新能源产业的产出值的数据可得性,故选取较容易得到利用的可再生能源的电力生产(不包括水电)/电力生产总量作为衡量新能源产业发展的指标。其中利用可再生能源的电力生产不包括水电,包括地热、太阳能、潮汐、风能、生物质和生物燃料等。当新能源产业加速发展时,利用可再生能源的电力生产(不包括水电)/电力生产总量将快速增长。

(二)实证模型

实证模型采用面板 VAR 模型。可通过构建面板 VAR 模型来研究金融支持新能源产业发展之间的相互机理。

二、实证结果分析

在通过平稳性检验后,利用信息准则确定面板 VAR 模型的滞后系数并对面板 VAR 模型进行系统 GMM 估计,再进行蒙特卡洛模拟得出模型的脉冲响应和方差分解,最后进行结果的分析。实证分析的软件为 Stata11.0。

(一)平稳性检验

所有的 P 值均小于 0.01,即两种面板单位根的检验方法在 $\alpha=0.01$ 的显著性水平下都一致拒绝了变量非平稳的原假设,可以认为变量均是平稳的。

(二)面板 VAR 模型的估计结果

我们用 Stata11.0 统计分析软件对模型进行系统 GMM 估计。由于本节是从宏观上研究金融与新能源产业的相互关系,因此参数估计量的经济意义检验比统计检验更重要。为了方便分析问题,本节将显著性水平的标准设为 $\alpha=0.2$。系数基本在 $\alpha=0.2$ 的水平下是显著的,但面板 VAR 模型从结构上来说是一个动态的模型,内生变量的相互影响往往需要在多个观察期内考察,而且模型的主要解释变量是被解释变量和其他内生变量的滞后值,从而构成一个相互作用的系统,单个变量系数的意义是很难确认的,因此本节在这里就不分析单个系数的意义。

(三)脉冲响应及方差分解的结果

前面我们提到面板 VAR 模型从结构上来说是一个动态的模型,单个变量系数的意义是很难确认的,需要进一步分析。于是,我们利用 Stata11.0 统计分析软件进行蒙特卡洛模拟得出△NE 脉冲响应表、△NE 脉冲响应图和△NE 方差分解表。

在本期给代表间接融资发展的银行信贷一个正的冲击,在当期引起新能源产业的响应为 0.1924,之后逐步下降并在第 6 期降为 0;当在本期给代表直接融资发展的证券市场一个正的冲击,在当期引起新能源产业的响应为 0.0505,小于银行信贷同期的 0.1924,之后逐步下降并在第 5 期降为 0;在本期给新能源产业一个正的冲击,在当期(第 0 期)引起新能源产业的响应为 0.8630,但在第 1 期引起的响应降为−0.0713,之后第 2 期又上升为 0.0145,第 3 期又降为−0.0002,第 4 期上升为 0.0003,之后降为 0 并保持到第 6 期。

在新能源产业的发展中,其自身的贡献程度为 93.5632%,银行信贷对其发展的贡献程度为 5.9161%,证券市场对其发展的贡献程度为 0.5206%,把银行信贷和证券市场相加,可以得出金融对新能源发展的贡献程度为 6.4367%。

(四)结果分析

结合面板 VAR 模型和脉冲响应及方差分解结果,可以得出以下分析结果:

第一,金融可通过间接融资或直接融资支持新能源产业发展。从脉冲响应分析中我们看到金融可通过间接融资或直接融资支持新能源产业发展。金融作为现代经济发展的核心,在新能源产业培育、发展与升级的过程中发挥着重要的支持功能:代表间接融资的银行部门可以通过为新能源产业提供短期信贷,满足新能源企业的短期资金需求,还可以通过提供中长期信贷,满足新能源企业的固定资产更新和开发性生产等;代表直接融资的证券市场主要进行长期的融资,证券市场的发展可以为新能源产业的发展提供长期资金,从而促进新能源产业的长远和健康发展。

第二,间接融资对新能源产业发展的贡献要大于直接融资。虽然金融可通过间接融资或直接融资支持新能源产业的发展,但从方差分解中我们看到间接融资对新能源产业发展的贡献要大于直接融资,前者约为后者的 11 倍。间接融资具有程序简单、门槛低和流动性好等优点。另外,间接融资中,资金都集中于金融机构,金融中介作为唯一的贷款者,有权决定是否借出资金,贷与不贷的决定权在于金融机构,这样比较容易受政府控制。而代表直接融资发展的证券市场发展则受到多方面的因素影响。政府可以通过干预银行信贷,为新能源产业提供担保和政策性贷款等;政府还可以成立政策性银行，扶持新能源产业等战略新兴产业的发展。因此，实际中间接融资对新能源产业发展的贡献要大于直接融资。

第三，新能源产业的需求富有弹性，而供给缺乏弹性。脉冲响应中，当在本期给新能源产业一个正的冲击，在各期引起新能源产业的响应分别为 0.8630、－0.0713、0.0145、－0.0002、0.0003，之后降为 0 并保持到第 6 期，冲击出现了正负交替并且幅度大致呈递减的趋势，呈现出“收敛型蛛网”的动态趋势。实际中，由于新能源的可替代性比较大，所以市场对新能源的需求是富有弹性的；而新能源产业具有初期投入大、投资周期长等特点，使得新能源的供给是缺乏弹性的，从而具备了形成“收敛型蛛网”的条件。该理论说明：依靠推动新能源产业的供给量不能给新能源产业带来长期的发展；新能源产业的发展要依靠科技创新等从“质”的方面提高供给，同时新能源产业的发展需要从供给和需求两个方面来推动。

第四，新能源产业普遍存在融资困难等问题。方差分解中，金融发展对新能源产业发展的贡献程度只有 6.4368％。由于新能源产业是资本与技术高度密集型产业，新能源产业具有初期投入大、投入期长和技术不成熟等特点，所以新能源产业是高投入、高风险、高回报的产业。以营利为目的的商业银行大多不愿意为这类产业提供贷款；同时由于证券市场对企业的财务等有很严格的要求，使得大多数新能源企业往往达不到直接融资的标准。实际中，大多数国家都把新能源产业的发展提升到战略的高度，对新能源产业提供了大量的扶持政策。

第三章　绿色金融的产品发展

第一节　绿色信贷的发展

一、绿色信贷的内涵及特征

(一)绿色信贷的内涵

所谓“绿色信贷”是绿色金融的一种具体形式，从本质上看是政府运用经济杠杆推动环保事业发展的一种重要的手段。

具体而言，绿色信贷是指金融机构依据国家环境经济政策和产业政策，对研发和制造污染治理设施、从事生态保护与建设、开发利用新能源、从事循环经济生产制造和生态农业的企业或机构提供贷款扶持，并实施优惠性的低利率；而对产生污染和污染企业的新建项目投资贷款和流动资金进行贷款额度限制，并实施惩罚性高利率的政策手段。

绿色信贷的目的主要是，引导资金和贷款流入促进国家环保事业的企业和机构，并从破坏、污染环境的企业和项目中适当抽离，从而实现资金的“绿色配置”。

发展“绿色信贷”，既是促进经济与生态环境建设可持续协调发展的要求，更是银行降低信贷风险，优化信贷结构，寻求新的利润增长点，加快经营战略转型，实现健康发展的内在需求。

绿色信贷要求在选择信贷支持的企业和项目时，要严格信贷准入标准，不仅要满足国家产业政策标准，还必须满足节能环保标准，形成符合“绿色信贷”的新理念、体现“绿色信贷”要求的决策机制。

具体来说，绿色信贷就是对符合国家产业政策和环保政策、具有较高环保价值的企业和项目，加大信贷支持和其他金融支持，以低息贷款、无息贷款、延长信贷周期、优先贷款、贷款贴息等方式予以环境保护信贷资金支持；尤其是对环保产业中某些不易赢利或赢利甚微的行业，同时政府还给予企业银行贷款的贴息。绿色信贷在新建项目贷款评估、审查、审批过程中，将项目是否通过用地预审、环境影响评价，是否符合区域整体规划和污染排放指标要求作为审查重点，对违反国家环保政策、可能对环境造成重大不利影响的项目一律予以否决；对新建、在建项目，在环保评价报告未经国家主管部门批准前，一律不提供任何形式的信贷支持；对有环保违法信息的企业坚决降低信用等级，不增加授信并根据实际情况及时压缩授信；对于立项时通过环保审批但在项目建设和运行过程中发现环境违法的项目，如果不能通过国家环保验收坚决不提供金融支持。

总之，绿色信贷对于政府来说，是其治理生态环境，遏制生态环境恶化的抓手，实现我国绿色发展战略的重要政策手段；对于银行来说，有利于优化信贷结构，管控社会与环境风险，承担社会责任，提升企业形象和竞争力的重大战略选择；对于整个社会经济来说，通过对环保行业的资金激励和对环境不友好企业的资金限制，推动了经济结构调整、产业升级，促进其全面可持续发展。

（二）绿色信贷与传统信贷的区别

绿色信贷已成为银行转型发展的重要方向，有助于实现生态环境保护和可持续发展，它通过金融杠杆作用来引导信贷资金向有利于社会环境保护和健康发展流动。绿色信贷最内在的含义指的是调节好金融业和可持续发展相互联系，其主要表现形式为：筹集资金来保护生态环境、促进绿色产业发展，建设新金融系统，促进金融工具的开发。这种商业形式下，信贷业务主要是用于推进环保、利用洁净及可再生能源企业，而且禁止向高污染、高耗能企业发放贷款，这与传统信贷的商业模式表现出很大的不同。总体来说，主要表现在经营理念、政策内涵、业务流程、风险管理等方面。

二、绿色信贷的国际发展

（一）发展历程

20世纪80年代后期，德国成立了世界上第一家“生态银行”，1991年波兰成立了环保银行，其设立目的是资助促进环境保护的投资项目，为环保产业的资金募集、经营、增值和获益提供一个运作平台。美国花旗银行提议并起草了一项旨在判断、评估和管理项目融资中的环境与社会风险的金融行业基准——“赤道原则”，其精髓在于确保所融资的项目按照对社会负责的方式发展，并体现更全面的环境管理惯例。世界十大银行在伦敦签署了“赤道原则”，建立起一套与发展项目融资有关的社会和环境问题的自愿性原则，以保证在其项目融资业务中充分考虑到社会和环境问题。

除了国际商业金融机构的绿色信贷实践外，一些非盈利的国际组织也采取了多种措施来推动绿色信贷。联合国环境与发展大会推出了《银行界关于环境与可持续发展的声明》(简称《UNEP 声明》),成立了联合国环境规划署金融倡议(UNEPFI)机构(简称“金融倡议”);又推出了《联合国环境规划署保险业环境举措》(简称《环境举措》)。《UNEP 声明》和《环境举措》都是由“金融倡议”推动的。世界银行也在开始改变传统贷款方针,使得贷款项目更加符合环境保护要求;国际金融公司积极协助那些有意于环境保护的银行建立自己的环境评估标准和技术;经合组织与荷兰政府合作开发了专门用于制定环境融资战略的决策支持工具,帮助新独立的欧盟成员国建立融资框架;亚洲政策性银行制定了中期发展战略,提出了将加强自然资源和生态环境的管理作为战略目标之一。

美国花旗银行是最早签署联合国环境声明的金融机构之一,并牵头与巴克莱银行、荷兰银行等银行就研究普遍适用于银行业项目融资过程中环境和社会风险管理机制达成共识,并于 2003 年成为赤道原则的创始会员。花旗银行的环境和社会风险管理政策在其融资项目中发挥了积极作用,为保障该政策的有效实施,花旗银行还建立了环境和社会风险管理团队。花旗银行制定了可持续规划,主要在三个方面进行了规划。

第一个是绿色融资,花旗银行在 2023 年完成 1000 亿美元的包括绿色信贷和绿色投资在内的绿色融资,并持续进行环境和社会影响跟踪。

第二个方面是环境风险管理规划,花旗银行始终以客户为中心,对项目进行环境风险管理。首先是环境风险管理政策的持续修订;其次是内部培训,花旗银行开设了员工环境风险管理的密集型培训,还为不到 1400 位银行家和风控人员开设了环境风险管理政策培训;再次是对环境敏感行业的资产组合分析,花旗银行对煤矿的组合投资进行了评估,主要是对环境管理、温室气体排放和社会外部性三个方面进行评估;环境风险管理规划还包括对新兴的环境风险和趋势进行识别,花旗银行开发了一个环境风险雷达对新兴的环境风险和社会风险进行识别,并对环境风险管理进行更新;最后是全球环境风险管理能力建设,花旗银行立足于全球,为全球的环境风险能力建设提供建议。

第三个方面是对银行绿色运营规划,花旗银行认为在运营方面应用科学方法,在能源、水资源、绿色建筑、垃圾处理等方面规定了五年目标。

英国巴克莱银行一直不断致力于社会责任的履行,对于环境责任也贯彻在日常的业务中。巴克莱银行与谷歌合作了支持小微企业的项目,旨在为高新技术、电信和媒体行业的小微企业提供特殊的贷款计划。这个贷款计划的一个重要特性是支持可持续发展,具体方法是通过较低的贷款利率为其公司发展战略融资,同时项目利润的

50%将会投入环保项目。另外，重要的是符合绿色环保项目的小微企业将会得到英国政府80%的贷款担保，使得巴克莱银行着重发展绿色信贷项目。巴克莱银行的绿色信贷首先有较强大的政策支撑，其次实施过程有较强的执行力，使得巴克莱银行的绿色信贷项目发展良好。

目前，绿色信贷已经成为国际潮流，世界上许多国家的金融机构都在"赤道原则"的框架内采取了绿色信贷机制。

(二)绿色信贷的法律法规建设

绿色信贷的有效实施需要依靠相关的法律法规的强制力，健全、有效的法律为推行平稳、高质量的绿色信贷保驾护航。国际上很多国家已经有了比较成熟的关于绿色信贷的立法。

(三)商业银行绿色信贷的风险评价机制

信贷风险只是商业银行在过程中需要防控的诸多风险之一，在进行贷款活动的全过程中都不可避免要谈到信贷风险，要做好信贷风险防范，不仅是贷款后的跟踪监察，更重要的是前端控制，严格贷款审批过程。形成信贷风险的关键因素是经济活动双方的信息不对称。因此，商业银行在贷款前端监测中必须建立完善的信贷审批机制，保证审核材料的完整性和准确性，确保贷款真实地用于环保项目，严格防范绿色信贷的风险。

(四)绿色信贷的激励政策

实行绿色信贷的激励政策目的是采用激励的方式促使企业和银行业等机构主动发展环保项目，推动环境发展。通常采用的激励政策工具是通过弹性调整税收、贷款利率、投融资成本、财政补贴等方式来实现的。

三、我国绿色信贷的发展进程

(一)政策推动

在绿色信贷发展方面，我国作出了诸多努力。我国绿色信贷的推行，经历了以下阶段。

1. 绿色信贷起步阶段(1981～2005)

1981年，国家出台了《国务院关于在国民经济调整时期加强环境保护工作的决定》，其中就规定了几项"利用经济杠杆"保护环境的政策。

1984年，国家发出了《关于环境保护资金渠道的规定通知》，明确提出了环境保护资金来源的八条渠道,许多都与银行信贷有关。

1995 年,国家环境保护局向各省市印发了《关于运用信贷政策促进环境保护工作的通知》,同年,我国人民银行也发布了《关于贯彻信贷政策与加强环境保护工作有关问题的通知》,明确要求各级金融部门在信贷工作中,要重视自然资源和环境保护,把支持生态资源保护和污染防治作为银行贷款考虑的因素之一;将贷款项目是否落实、环保设施与主体工程是否做到"三同时"作为贷款的必要条件之一;对不符合环保规定、国家明令禁止的项目和企业,不得发放贷款;对有利于保护和改善环境的产业和产品,金融机构要予以积极的贷款支持。一系列文件的出台正式拉开了我国发展绿色经济、实行绿色信贷的序幕。

2004 年,国家发展改革委、央行、银保监会三部委又联合发布了《关于进一步加强产业政策和信贷政策协调配合控制信贷风险有关问题的通知》。

2005 年底,国务院发布的《关于落实科学发展观加强环境保护的决定》明确规定:建立健全有利于环境保护的价格、税收、信贷、贸易、土地和政府采购等政策体系。对不符合国家产业政策和环保标准的企业停止信贷,为建立健全有利于环境保护的信贷制度提供了最有力的支持。

2.绿色信贷引导推动阶段(2006～2009)

2007 年 7 月 12 日,我国生态环境部、我国人民银行、我国银保监会首次联合发布了《关于落实环保政策法规防范信贷风险的意见》,对不符合产业政策和环境违法的企业和项目进行信贷控制,各商业银行要将企业环保守法情况作为审批贷款的必备条件之一,以绿色信贷机制遏制高耗能高污染产业的盲目扩张。《意见》规定,各级环保部门要依法查处未批先建或越级审批,环保设施未与主体工程同时建成、未经环保验收即擅自投产的违法项目,要及时公开查处情况。即要向金融机构通报企业的环境信息。而金融机构要依据环保通报情况,严格贷款审批、发放和监督管理,对未通过环评审批或者环保设施验收的新建项目,金融机构不得新增任何形式的授信支持。同时,《意见》还针对贷款类型,设计了更细致的规定。如对于各级环保部门查处的超标排污、未取得许可证排污或未完成限期治理任务的已建项目,金融机构在审查所属企业流动资金贷款申请时,应严格控制贷款。

生态环境部、我国人民银行、我国银保监会联手出台调控政策,基于以下三个原因:

一是我国面临的节能减排形势的日益严峻,实行绿色信贷成为必然的选择。

二是随着一些地区建设项目和企业的环境违法现象较为突出,由于政府对企业污染环境责任的追究日益严格，因污染企业关停带来的信贷风险也开始加大。

三是以往环保机构单部门的调控政策受制于调控范围有限、调控力度不够和调控手段不足等问题，“绿色 GOP 报告”的无疾而终。

国家绿色信贷机制的推出，有利于环境经济政策的融合，有利于加强对企业环境违法行为的社会监督和经济制约，也有利于改变环境管理中对行政手段依赖过度，而对经济和法律手段应用不足的局面。毕竟，行政手段具有不稳定、阶段性和易于权力寻租等天然弱点，过度依赖行政手段，不仅不利于从根本上改变绝大多数地方政府和企业推动经济发展有余而保护环境不力的现状，而且有可能在一定程度上弱化甚至架空现有环境保护政策法律体系。这标志着我国建立绿色信贷制度的工作已经提速，这是环保部门和金融部门合作的一个开始。

政府在环境保护投资中引入信贷机制，也是解决环境保护资金不足的重要途径。在国内商业银行中，兴业银行是最早涉足环保产品的银行之一，2006 年 5 月，兴业银行与国际金融公司签署了《能源效率融资项目合作协议》，率先在国内推出“能效贷款”产品，以国际金融公司认定的节能、环保型企业和项目为基础发放贷款，国际金融公司则为贷款项目提供相关的技术援助和业绩激励，并收取一定的手续费。2008 年 10 月，兴业银行正式对外宣布并承诺采纳赤道原则，成为我国首家赤道银行。

2009 年，我国人民银行联合银保监会出台了《加强信贷结构调整促进国民经济平稳较快发展的政策意见》，要求加大对产业转移的融资支持，支持过剩产业有序转移，坚持“区别对待、有保有压”的信贷原则，督促银行机构加大重点项目、重点产业和重点区域信贷投放的同时，严格控制对于不符合国家产业政策规定、市场准入标准、达不到国家环评标准和排放标准项目的新增授信和信贷投放。2009 年，我国人民银行联合生态环境部对信息共享机制进行进一步的改进完善，针对目前绿色信贷信息交流不完善的问题，要求扩大环保信息报送范围，规范环保信息报送方式、时限，确立了信息动态管理机制，强化信息更新等。

3. 绿色信贷全面发展阶段（2010 至今）

2011 年，我国银行业监督管理委员出台若干绿色信贷政策措施，要求各银行业金融机构确定绿色信贷业务的负责部门，督促商业银行大力推进绿色信贷，促进节能减排，优化产业结构，同时开始对绿色信贷业务开展统计监测。

2012 年，我国银行业监督管理委员会发布《绿色信贷指引》，规定了商业银行等金融机构在绿色信贷执行过程中需要遵循的指导原则及注意事项，明确了绿色信贷审批标准，对商业银行信贷风险防范提供保障。银行业等金融机构严格遵循绿色信贷相关立法，以《绿色信贷指引》条例为依据，一方面，对"两高一剩"行业贷款实行"一票否决制"；另一方面，利用政策驱动绿色信贷项目有序实施。

《绿色信贷指引》是银监会将绿色信贷提升到战略高度，并利用资金供给方的优势，为商业银行实践绿色信贷作出指导，为促进经济与环境协同发展而努力。《指引》内容包括六项规章与附则共 30 条，分别为总则、组织管理、政策制度及能力建设、流程管理、内控管理与信息披露、监督检查、附则等相关内容。

《绿色信贷指引》的发布既引导银行业等金融机构的信贷资金实现"绿色分配"，又通过严格的审批标准增强了风险防范与控制，极大地降低了信贷风险发生的概率。

在《绿色信贷指引》印发后，我国在关于绿色信贷工作中的脚步也在加快。2013 年，我国银保监会制定了《绿色信贷统计制度》，要求各商业银行对绿色信贷相关的多项指标进行统计。

2014 年，在全国银行业化解产能过剩暨践行绿色信贷会议上签署《我国银行业绿色信贷共同承诺》的 29 家银行在我国银行业协会的组织和协调下共同发起成立了绿色信贷业务专业委员会，以期实现资源的最优配置及绿色信贷项目的可持续发展。在此基础上，2015 年 4 月成立了我国金融学会绿色金融专业委员会。

2014 年 6 月，我国银保监会下发了《绿色信贷实施情况关键评价指标》，该指标旨在引导各商业银行落实《绿色信贷指引》，也为商业银行绿色信贷绩效考核提供了权威的依据。

2015 年年初，银保监会下发了《我国银监会办公厅关于下发绿色信贷实施情况自评价两个模板的通知》，并且在 2015 年和 2016 年两年先后两次开展了全国主要 21 家银行的绿色信贷自评价工作。

2015 年 1 月，银保监会与发改委联合印发《能效信贷指引》，从业务重点、业务准入、产品创新、信贷流程、风险审查要点等方面，提出若干操作性强的政策措施，为银行业金融机构提升产业服务水平提供指导和帮助。

2016 年 8 月，人民银行等 7 部委联合印发《关于构建绿色金融体系的指导意见》，这是全球第一部由政府官方颁布的关于绿色金融的系统性政策文件，显示了我国政府对绿色金融的重视程度。

至今，在国家及有关部门的大力推动下，环境经济手段已有较大覆盖面，环境经济政策体系逐步完善，环境保护的金融手段也得到广泛运用。

(二)发展进程

从近三十年的实践情况看，由于我国经济处于快速发展阶段，环境及环境问题并没有真正得到重视,虽然出台了一些政策措施,但直到2003年科学发展观提出之前,环境保护金融手段并没有得到很好地运用,企业追求经济利益不顾生态效益、社会效益的现象普遍存在,商业银行等金融企业也是如此,金融机构难以发挥对环境保护的宏观调控作用。例如,我国人民银行早在1995年就制定政策,要求各级金融机构对“不符合环保规定的项目不贷款”,但由于没有配套的措施,这项很好的环境经济政策并没有得以实施。

科学发展观提出之后,国内外经济形势发生了很大变化,促使国内社会各界开始注重环境问题,政府也开始真正重视运用金融手段调控环境保护,金融企业也日益意识到其与环境保护的内在联系,意识到自身应该承担的社会责任,金融手段运用有了较大发挥作用的空间。

随着不断出台、完善绿色信贷相关的法律法规,推出一系列长效激励政策,商业银行在严格遵循国家政策的指导下,根据自身的具体情况,各自提出有针对性的规章制度,提出具有切实可行性的工作方案,并且在绿色信贷投放上,多家银行积极响应并研发绿色信贷产品,提升金融服务。除此之外,我国银行业金融机构始终坚持“区别对待、有保有控”的原则,化解过剩产能,促进传统产业转型升级,强力推行绿色信贷的发展,支持节能环保工程建设。

2005年,绿色信贷就已在辽宁进行试点,率先建立了我国第一个绿色信贷工具——辽宁省清洁生产周转金。当年,辽宁省鞍山钢铁集团、凌源钢铁股份有限公司、锦西天然气化工有限公司3家企业享受过一亿元的贷款支持,并有效推动了企业的可持续发展和绿色信贷理念在辽宁金融业的推广。

国有银行按照绿色信贷指导意见和监管当局出台的具体相关政策,结合自身业务经营的特点,纷纷构建内部绿色信贷制度。工商银行于2007年9月率先出台《关于推进“绿色信贷”建设的意见》,提出建立信贷“环保一票否决制”,对不符合环保政策的项目不发放贷款,对列入“区域限批”“流域限批”地区的企业和项目,在解除限制之前暂停信贷支持。工行内部信贷管理系统还对法人客户进行了“环保信息标示”,初步形成了客户环保风险数据库。农业银行也积极调整信贷结构,大力支持绿色产业,发放“三绿”贷款(绿色企业、绿色基地、绿色农户)。农业银行积极调整信贷结构,大力支持绿色产业,发放“三绿”贷款(绿色企业、绿色基地、绿色农户);我国银行开办“绿色心益通”账户,代客户把活期储蓄存款利息捐赠给国家环保事业;我国建设银行在其信贷政策中规定,在信贷评审中,环保评估是不可缺少的重要组成部分,环评不过关,在信贷审批时就实行“一票否决制”。

作为政策性银行，国家开发银行先后出台了《污染减排贷款工作方案》《关于落实节能减排目标项目贷款评审的指导意见》等具体措施，严格控制向高耗能、高污染行业贷款，另外还建立了“节能减排”专项贷款，重点支持水污染治理工程、燃煤电厂二氧化硫治理工程等。

一些地方性银行机构也在积极实施节能减排的环保信贷政策。在积极调整环保信贷政策的同时，努力寻求国际合作，探索环境风险管理，参与国际合作较早的主要是兴业银行和招商银行。兴业银行于 2006 年 5 月与国际金融公司(IFC)签署了《能源效率融资项目合作协议》，成为国内首家推出“能效贷款”产品的商业银行，也是国际金融公司首期我国能效融资项目唯一一家合作银行。

根据协议，IFC 向兴业银行提供 2500 万美元的贷款本金风险分担，以支持最高可达 4.6 亿元人民币的贷款。2008 年 2 月 25 日，双方签订项目融资二期合作协议，IFC 将为兴业银行提供 1 亿美元的贷款本金风险分担，用于支持该行 15 亿元人民币节能减排领域贷款的发放。

我国工商银行在 2012 年下发《绿色信贷建设实施纲要》，每年修订行业(绿色)信贷政策，指导全行绿色融资，进一步明确了绿色信贷的基本原则，明确将推进绿色信贷作为该行长期坚持的重要战略之一，并且提出了构建国内领先、国际一流绿色金融机构的发展目标。2013 年制定涉霾行业绿色信贷政策，将绿色信贷政策标准纳入全流程管理。对于不符合管理要求的客户和项目实施“绿色信贷一票否决”制，并且吸收借鉴了赤道原则和 IFC 绩效标准建立了绿色信贷分类标准和管理体系，按照客户或项目对环境的影响程度，将客户及贷款划分为四级、十二类；并将绿色信贷分类与企业评级、贷款资产质量分类相关联，对不同类别提出相应管理要求。2015 年发布了《社会责任工作基本规定》，规定了各分支机构季度绩效考评指标体系中应含有绿色信贷定量指标。

我国建设银行在 2015 年成立了绿色信贷委员会，全面推进绿色经营、绿色管理的各项任务。制定了《我国建设银行绿色信贷实施方案》，从多方面多角度明确了下一阶段绿色信贷发展的任务和目标。

我国农业银行于 2015 年与浙江省水利厅签订了战略合作协议，未来 3 年将提供 300 亿元人民币意向性信用额度，助力国家 172 项重大水利工程在浙江的项目工程、浙江省“五水共治”和农田水利等项目建设。截至 2017 年底，我国农业银行绿色信贷业务贷款余额 7476.25 亿元，折合节约标准煤 2185 万吨，减排二氧化碳当量 4780 万吨，减排 COD16 万吨，减排氨氮、二氧化硫、氮氧化物分别为 2 万吨、108 万吨、169 万吨，节水 1800 万吨。

兴业银行作为我国第一家加入赤道原则的商业银行，一直将绿色发展作为经营的原则，绿色信贷业务发展也较为超前，在 2016 年又成为第一个加入《金融机构能源效率声明》的商业银行，与国际接轨。致力于绿色信贷创新业务，于 2016 年 1 月 5 日，成功发行了总金额为 26.457 亿元的兴业银行绿色信贷资产证券化。

2016 年 12 月 26 日，江苏银行发布董事会决议公告，同意公司采纳赤道原则，这也是我国第二家采纳赤道原则的商业银行。

浦发银行在《2015 年度公司业务投向政策》中，对防范和控制社会、环境风险作出了详细的要求，并明确了绿色信贷业务的重点拓展领域为环保、合同能源管理、建筑节能、碳金融及太阳能光伏发电五大领域。2015 年，浦发银行完成首单法国开发署绿色中间信贷业务，以低成本信贷助推鞍钢节能降耗，为鞍钢集团节能技术服务有限公司发放法开署（AFD）绿色中间信贷 2000 万元人民币（约合 250 万欧元），期限 5.5 年，资金由法国开发署提供，浦发银行大连分行作为转贷行。该业务的成功操作，实现了浦发银行国际合作绿色信贷项目的突破，也为鞍钢集团践行节能减排提供了必要低成本信贷支持，密切了浦发银行大连分行与鞍钢的合作关系，创造了极高的经济和环保效益。

根据银行业协会公开资料显示，截至 2017 年 6 月末，我国 21 家开展绿色贷款业务的银行，共计向绿色产业发放了 7.26 万亿人民币的贷款，大约占据我国信贷总额的一成左右。在这笔巨大的资金里，其中有 1.69 万亿人民币是投向环境保护产业、清洁能源以及绿色交通等行业领域，剩下款项主要是向环保项目以及相关服务行业投入。这一数字在不断增加，说明我国绿色信贷发展速度在增加，虽然没有达到发达国家的水平，但是与我国之前的发展状态比较，已经有了一个质的飞跃。

目前，绿色信贷在我国已普及。正如前面所述，尽管环境保护金融手段研究的不少，实践中一些金融手段也得到应用，但主要的还是绿色信贷手段的运用，尤其是商业银行在其中发挥了极为重要的作用。

四、发展绿色信贷的动力分析

（一）政府倡导低碳经济、助推节能减排需要发展绿色信贷

绿色信贷是将环境保护融入金融核心业务中的最有力体现。目前，随着《关于落实环保政策法规防范信贷风险的意见》的出台，我国银行业对不符合产业政策和环境违法的企业与项目进行信贷控制，以绿色信贷机制制约高耗能高污染产业的盲目扩

张，通过在金融信贷领域建立环境准入门槛，对限制和淘汰类新建项目，不得提供信贷支持；对于淘汰类项目，应停止各类形式的新增授信支持，并采取措施收回已发放的贷款。这实际上是从源头上切断高耗能、高污染行业无序发展和盲目扩张的经济命脉，有效地切断严重违法者的资金链条，遏制其投资冲动，解决环境问题，也通过信贷发放进行产业结构调整。企业的“命脉”一旦被扼住，它们在防污治污上就会由被动变为主动，环保意识必将得到提高。因此，绿色信贷的推出，是将环保调控手段通过金融杠杆来具体实现。与一些行政手段相比，绿色信贷这样的市场经济手段往往非常有效。

同时，银行业应进一步加强对循环经济、环境保护和节能减排技术改造项目的信贷支持力度，优先为符合条件的项目提供融资服务，这一措施会改变现有的“守法成本高，违法成本低”的不公平现象，大力推进我国的防污治污工作。实行并强化绿色信贷控制，将是环境保护与金融安全的双赢，有助于政府低碳经济的推广和节能减排目标的实现。

(二)银行业基于规避环境风险的战略需要发展绿色信贷

应该说，银行业的环境意识比工业相对薄弱一些，其原因在于人们通常认为银行业不是产生环境污染的直接部门。但是，这并不是说银行业与环境污染没有关系。银行业的环境风险可以是直接的，即银行业本身的行为会产生环境问题(现实的或潜在的)；也可以是间接的，即借款人(企业)或其投资行为会对环境和生态资源产生影响，从而危及银行业。

银行业的间接风险通常与贷款不当引起的环境经济损失相关。银行业为工业企业提供金融资本，目的是希望这些贷款能在一段时间后带来回报并收回本金，但借款人(企业)可能会面临违反环境法规造成的法律责任，会承担治理污染造成的经济责任，因而使银行业受到影响。这些风险主要是银行需要承担客户因环境问题失去还贷能力的风险，因客户的环境问题承担连带责任以及因环境问题影响银行声誉等风险。

首先是信贷风险。当银行贷款客户的业务受减排成本的影响或环境规章变化影响时，信贷风险就会间接产生，虽然银行不对污染直接负责但却面临经济损失的后果。如为了达到符合新的排放标准而产生的费用，增加了企业成本甚至导致某些企业倒闭。此外，借款企业的环境行为也会对银行产生影响，包括：作为抵押资产的不动产污染、企业用地污染、生产过程环境污染、产品通过最终用户的使用对环境产生负作用、清除对土地和生产过程中产生污染的费用等，这些不良的环境行为会引起金融投资客户赢利能力下降，对企业利润及归还贷款产生压力，增加企业客户还贷风险，危及债务安全。

其次是法律风险。如果不遵守环境法规，银行会与其他公司一样，要为清除污染产生的费用或由于污染而产生的索赔负直接贷款者责任，面临法律风险。有的国家还规定，如果银行贷款给某公司或项目引发了环境问题，则贷款者要承担消除污染的责任。此外，金融机构还要为所提供贷款或融资的公司造成的破坏环境的行为承担声誉风险。

相反，如果银行业制定规避环境风险的战略，识别和重视环境风险，则会形成一系列竞争优势：首先，通过节约使用能源和环境友好型产品以及物质的循环利用可减少运营成本。其次，使由于环境问题引发的客户贷款风险最小化。第三，环境风险的存在扩大了经营产品范围，比如商业道德基金、环境咨询、可持续发展项目融资、绿色贷款等。环保产业的发展也为金融业带来了发展机遇，减排费用、环境友好技术的投资需求，对于银行业或资本市场而言，无疑都是提供融资资金的机会。随着企业排污权交易的增加，金融机构可在排放证买卖交易双方中充当中间机构。另外，金融机构通过提供绿色投资产品，唤醒公众环境意识，从而获得经济和形象的收益。通过绿色信贷机制，让环境信息系统与金融部门共享，保障环境保护与金融信贷的联动，有助于金融机构充分了解企业环境信息，从而可以及时准确地对企业环境风险作出正确判断，可以把环境政策作为新增客户信贷投资的前提条件，严格信贷“阀门”，有效防范产业政策、环境政策、产业结构调整所带来的风险。

（三）绿色信贷对银行业是考验，也是机遇

绿色信贷对于我国银行业是一个挑战。越是“两高”行业，如钢铁、水泥等，其贷款需求越大。未来若不加强其环境风险管理，一旦给予贷款的企业发生污染事件时，不但影响银行的社会形象，也将损及其债权的收回。实行绿色信贷对我国银行业也是一个契机，银行机构要下力气研究创新绿色金融产品和工具。如发行绿色金融债券、推出绿色抵押等银行类环境金融产品。此外，银行还应该逐步实施绿色采购、能源效率、废弃物管理等良好管理实务策略。

五、绿色信贷产品业务选择

（一）基于环境责任视角的选择

国内绿色信贷最常使用的手段就是利率浮动、还款期限和授信额度，但实际上银行对节能减排企业的金融支持远远多于这些手段，例如银行应结合我国到2020年的

总体碳减排目标，针对不同行业制定不同的减排要求，承诺达标企业获得融资；可将排放权减排额作为抵押物，来为环保企业进行融资；开办专项治理节能减排技术改造和设备升级换代的项目贷款业务；开办排放权交易购买方专项贷款。在发展直接融资方面，应支持符合条件的环保企业或项目发行企业债、公司债、短期融资券、中期票据、资产支持票据等债务融资工具筹集发展资金。采取多种优惠措施，鼓励私募基金、风险投资、社会捐赠资金和国际援助资金加大对环境保护和节约资源的资金投入。

(二)基于社会责任视角的选择

绿色信贷项目服务的对象包括政府、企业和个人，需要银行与中央政府、地方政府、企业、个人消费者等多种主体协调发展。根据银行与参与主体的不同，主要处理好三个关系。

1. 协调与政府关系

政策性银行主要立足于在特定领域发挥弥补市场失灵、市场缺陷的重要作用。对于国民经济发展过程中的“瓶颈”行业和项目，在商业资本难以进入时，政策性银行应当在审慎原则下努力发挥政策导向作用。从国外的成功产品运作看，爱尔兰银行在“转废为能”项目融资中，就与当地政府签订废物处理合同并承诺支持合同范围外废物的处理，给予长达 25 年的贷款支持就是一个例证。

我国地方政府在节能减排、区域协调发展与发展循环经济方面存在迫切需求，而且从国外的发展历史看，这种需求的时间长达几十年。因此，银行开展绿色信贷业务需要政府扶植的政策。一是政府要出台统一的绿色信贷标准。目前，绿色信贷主要靠银行的内部控制，标准不一，出现企业在这家贷不到款到下家就能贷到款的局面。二是加强银行的监管。银行目前统计口径不一，绿色贷款的坏账率不一，缺乏考核与监督，银行的绿色贷款缺乏实施动力。中小企业有许多采取民间融资或者自筹资金的方式，不通过金融机构贷款，怎样对这些企业加强监管，需要国开行与政府应该协调出台政策。

2. 协调与企业的关系

在银行给中小企业贷款中，涉及企业的环境诚信、地方政府对企业的保护和查处力度，但是重点还是银行与企业交互过程的管理与控制，而且主动一方是银行，企业处于被动位置。在运作模式上要加强全过程管理：这种模式的重点在于中小企业的环境风险，国家环保局发布了 4 万条企业环境信息，银行需要对这些客户进行风险分级管理，加强信息化建设和风险评估能力。

3. 协调与个人的关系

国家从"十一五"开始碳交易市场的实践，目前的问题主要在于企业的碳点源与个人消费者的面源之间没有建立联系。英国巴克莱银行为个人绿色信用卡用户购买绿色产品和服务提供折扣及较低的借款利率，卡利润的50%用于世界范围内的碳减排项目。如果能把我国个人绿色产品消费减排的碳与企业之间建立关联，个人的消费模式不仅对企业产品结构调整具有促进作用，还可以把个人减排与企业碳需求结合起来，为碳交易打下基础。

六、绿色信贷运行模式

绿色信贷是现代银行发展的重要趋势之一，其主要特点是将生态因素纳入信贷决策体系，通过关注环保、生态等具有长远效益的产业，形成有利于节约资源、降低能耗、改善环境的可持续发展战略，以未来良好的环境效益和社会效益支持银行信贷业务的长远发展。

（一）绿色信贷的运行机制

生态环境部、我国人民银行和我国银保监会联合推出了绿色信贷政策。各家银行开始顺应社会进步潮流，积极响应并实施绿色信贷政策，并初步形成了银行践行绿色信贷政策的运行机制。

（二）绿色信贷的运行模式

近十年来，我国各地积极运用金融手段加强环境保护，金融环保联手治污已探索了三种富有成效的模式。主旨是银行通过信贷限制污染项目，有效促进符合产业政策的项目发展，确保环境保护与金融安全的双赢。

（三）国家开发银行的绿色信贷模式

国家开发银行作为政策性银行，一直致力于我国环保事业发展，并以相应的金融手段切实支持了我国环保规划的实施。

国家开发银行在受理评审项目时，会要求所有项目必须按照国家的规定，坚持环境评价指标的一票否决制，并结合自身的评价标准，进行分级评价，对没有通过环境评价的项目，不予评审和贷款，并且对不同级别的企业项目结合地方政府的监管与督导进行相应的绿色金融激励。同时，通过市场建设和引入其他银行以及共享环境信用征信信息，以信贷融资直接支持了环保项目建设和环保龙头企业发展。

七、发展绿色信贷的难点及政策建议

(一)银行业发展绿色信贷存在的问题

由于绿色信贷起步较晚,还面临着认识、基础和信息等多重制约。并且,相当多的中小型污染企业采取民间融资或者自筹资金,基本上不向金融机构贷款。绿色信贷对这些量大面广的污染企业尚不能发挥制约作用。除此之外,实践中,根据各银行实际操作的反馈,实行绿色信贷还存在着许多制度性和技术性的问题。主要表现在以下几个方面:

第一,政策标准的模糊极大地制约了绿色信贷的推广。目前,绿色信贷业务规划还仅停留在政策层面上,没有统一的标准,重点依靠银行内部控制机制来推动执行,这造成了银行绿色信贷各行其是的局面。进行绿色信贷业务数据统计涉及对贷款投向和企业项目的考核评估,是一个非常复杂的过程。银行没有专门的部门去统计绿色信贷,只能根据相关政策一点点计算出来。而且,由于国家并没有出台统一的统计标准,因此,统计数据基本上是"各成一家",没有什么可比性。最常见的一种现象是:由于各家银行执行标准不一,有些绿色信贷项目在这家银行贷不到款,转身到另外一家却可以贷到。因此,现有政策缺乏清晰的标准,这给银行执行带来了困难。为了解决这个问题,生态环境部、银保监会已经开始加强对绿色信贷、节能减排等金融机制具体措施落实的研究。

另外,绿色信贷的标准多为综合性、原则性的,缺少具体的绿色信贷指导目录、环境风险评级标准等,商业银行难以制定相关的监管措施及内部实施细则,在统一法人体制下难于制定和建立一套真正切合各地具体情况和分支机构实际的制度、办法和操作流程,大大降低了绿色信贷的可操作性。

第二,我国产业结构的现状和特点对绿色信贷机制建设存在制约作用。高污染高能耗行业由于得到一些地方的政策保护,还有利可图,有些甚至是短期的暴利行业,因而很难大幅度削减信贷规模。尤其在一些资源性省份,资源开发、冶炼、电力等主要行业都是支柱行业,对 GDP 和财政收入的贡献巨大。而且钢铁、电力、水泥、有色冶炼等高耗能、高污染行业往往又是高利润行业。这种产业结构和经济格局使得银行业在推动绿色信贷方面存在两难选择。银行业如果严格按照绿色信贷进行贷款控制,势必会对地方经济的发展起到阻碍作用,也会使商业银行失去相当有诱惑力的市场份额,与经营目标产生矛盾。

第三,银行业与环保部门的信息沟通机制不完善,没有真正做到数据共享。由于环保部门和银行业信息沟通不畅，环保部门所能提供的环保信息偏少，特别是企业环境违法信息针对性不强、时效性不够，不能适应银行审查信贷申请的具体需要。商业银行也不能全面、准确地向环保部门提供环境信息的使用情况和绿色信贷政策的适时信息，没有真正做到信息和数据共享。

第四，缺少推进绿色信贷的激励机制。目前，对商业银行发放环境违法违规项目的行为没有责任追究和处罚措施，对切实执行绿色信贷环保政策成效显著的商业银行也没有奖励政策，商业银行明显缺乏推行绿色信贷的动力，不能有效吸引银行业支持环保项目。另一方面，绿色信贷的技术风险成为银行投资的顾虑。例如，向低碳经济转型中企业成本大幅上升、盈利能力下降带来的产业风险。而目前，商业银行对低碳经济企业，尤其是私有企业的风险评估指数非常高。因此，由于缺乏激励、考核等相关实现机制，银行没有动力去执行绿色信贷政策，具体操作滞后。

第五，绿色信贷的业务创新不足。目前国内银行业关于绿色信贷的业务创新还较为落后，一些绿色信贷的新型模式通常是借鉴发达国家，比如开发相关的节能减排融资产品。此外，更直接的模式就是与国际机构进行合作，在这种模式下，银行把涉及绿色信贷的风险评估交给咨询融资机构去打理，这样就省去了一定的信贷评估成本。业内专家表示，对于绿色信贷，国内外还都处于摸索阶段，都在寻找一条对银行、企业都有动力的融资模式。

第六，人才队伍难于满足需要。目前，我国银行业普遍缺少环境风险评估专业人才和较高素质的绿色信贷专业人员、机构及制度，绿色信贷管理能力明显不足，制约了绿色信贷的深入。

(二)发展绿色信贷的政策建议

基于上述问题，给出如下政策建议：

1.以商业银行为载体，树立绿色信贷理念

成功树立绿色信贷理念的关键是金融机构能够自发地在业务经营中注重社会、环境价值并将其纳入公司治理目标。这就要促使金融机构认识到：实施绿色信贷战略，确认环境风险以及市场机遇，不仅有利于整个社会、经济的可持续发展，更是实现自身可持续发展的必然要求。因此，对于金融机构而言，全面实行绿色信贷战略也是一种制度变迁过程。由于我国的资本市场和保险市场尚未充分发展，我国金融机构的主体是商业银行，而我国商业银行制度最大的特征就是以国有大型商业银行为主体，这是与西方国家商业银行体系最突出的差异，因此，在以国有商业银行为主要载体全面发展绿色信贷理念，成为我国金融业改革的重要一环。目前，我国国有商业银

行改革总体上是一种政府主导型改革，制度变迁的时间安排及进程在很大程度上取决于中央政府的判断和决定，且具有相对稳定性。在这种制度环境下，我国政府可以通过行政手段，强化商业银行在项目融资中的环保意识，树立商业银行绿色信贷理念，激发商业银行对社会、环境的责任感，这对人口、资源环境关系日益紧张的我国社会具有重要意义。

2. 强化商业银行的环境责任

所谓的环境责任是从企业的社会责任引申出来的。世界银行认为：企业的社会责任是企业与关键利益相关者的关系、价值观、遵纪守法以及尊重人、社区和环境有关的政策和实践的集合。它是企业为改善利益相关者的生活质量而贡献于可持续发展的一种承诺。商业银行是经营货币业务的金融企业。作为一般意义上的企业，商业银行必须承担直接的社会责任，特别是环境责任。不仅遵循市场交易规则，坚持诚实守信，依法合规经营，热衷社会公益事业，而且应当积极参与环境保护。但是，商业银行又是一个特殊的企业。作为金融企业，它又有承担间接社会责任的义务，因为商业银行是社会资金供应者，目前商业银行融资仍占企业融资的80%以上，对社会其他组织行为有引导、鼓励、约束其履行社会责任的特殊功能。推行绿色信贷，利用信贷杠杆约束污染企业的扩张行为，或者支持污染企业进行治污，就是一项重要的功能。

一些商业银行把承担环境责任与追求投资回报对立起来，忽视商业银行的特殊地位，把商业银行商业化与社会利益对立起来，甚至认为商业银行作为一个企业，也没有必要承担环境责任，这些观点显然是与商业银行作为特殊的金融企业特征相背离的。原则上讲，商业银行承担环境责任与实现经营目标有高度的一致性。在客户越来越注重以公信、道德标准选择合作银行的市场环境下，商业银行的环境责任如果缺失，最终将会被客户和市场抛弃。

银行发放贷款的直接目的是按照约定及时足额收回本息，实现收入。在发放贷款的过程中，任何风险因素都可能最终影响贷款收入的实现。银行所追求的，不能是单纯的“利润”，而应当是“效益”。这个“效益”既包括经济效益，也包括环境效益在内的社会效益。

近年来，商业银行的改革发展取得了有目共睹的成绩。然而，也有一些银行一味追求利润、片面追求经济利益最大化，置国家宏观调控政策和国家产业政策于不顾，社会责任意识淡薄。对此，我国银行业的当务之急，在于首先提升社会责任理念。我国银行业和国际银行业相比，在于公司社会责任理念的欠缺，这在一定程度上制约了我国银行业的可持续发展能力以及竞争力的提升。

3. 加强制度建设，构建发展绿色信贷的激励机制

发展绿色信贷并不仅仅是技术层面的问题，实践中还必须在制度层面上构建发展绿色信贷的激励性机制，以推动绿色信贷的理念。从政府的角度来看，政府在发展绿色信贷、推动循环经济和金融创新双赢的过程中，应对所扮演的角色进行准确定位。首先应着手制定一系列条例、标准和优惠政策，鼓励银行提高自身的环境责任，增强捕捉环境机会的积极性。其次应着手制定相关的法律法规和政策，推动适合我国国情的绿色信贷产品逐步兴起和蓬勃发展。从银行业自身来看，应制定与绿色信贷相关的金融政策，并要积极构建与之相适应的管理机构和制度、行动计划和监督程序，定期向外界发布环境评估报告，主要包括：环境政策和制度、环境社会经济行为指标、环境社会经济行为的金融含义、可持续发展商业机会和支持环境社会经济持续发展的商业创新行为等内容。从具体业务来看，贷款作为银行业的核心业务，应建立绿色信贷决策制度。在对项目进行贷款融资之前，引入环境因素系数，从源头控制污染，促进产业结构调整，实现经济和社会的可持续发展。

4. 建立绿色信贷产业指导目录

从银行层次来讲，绿色信贷难于实施的首要难题就是：哪些行业和项目属于绿色信贷的支持范畴，怎样辨别一个产业或项目是节能减排还是双高一剩？作为基层银行一般缺乏相关的专业知识和人员，因此需要制订《绿色信贷行业投向指引》，该目录的制定应当邀请环保专业人士和产业专家，高标准制定，先在国家开发银行系统内试行，而后通过行业协会、人民银行和银保监会等上升为银行业绿色信贷指引标准。可以将绿色产业和项目细分为环境保护、节能、新能源开发或利用、资源综合利用、造林增汇、智能电网、新信息技术研发及应用、生物产业、高端装备制造、新材料研究及应用、新能源汽车、其他等。

该目录强调将环保信息纳入信贷全流程管理的基础上，还将企业产品质量安全及生产安全状况也纳入客户管理的全过程，对因质量和生产经营安全影响企业持续经营的，实行“一票否决制”，坚决不予授信。

5. 优化绿色信贷流程，建立绿色信贷机制

一是严把贷前准入关。将贷款项目是否符合国家环保政策作为贷款决策的重要先决条件，也是银行业执行绿色信贷政策最突出、最明显、最直接的举措。在贷款调查环节，将客户的环保、节能问题作为重要内容，认真调查核实客户的治污设施建设投资情况、运转情况、排放达标情况，不放过每一涉及环保方面的问题。同时，外聘道路、水利、电力等方面的专家，在贷款审查环节中重点对项目的可行性、环境影响、项

目建设可能出现的问题提出意见，切实防范因违背国家环保政策形成的信贷风险。银行贷款审查中要求必须有环评报告，并将环保准入作为信贷审查的主要标准，对新建、在建项目，在环境影响评价报告未经环保行政主管部门批准前，一律不提供任何形式的信贷支持。

二是加强贷后管理。由于各方面原因影响，严格的贷款准入审查并不能彻底防范风险的产生，因此，贷后管理就成为绿色信贷政策能否取得实效的关键。在贷后管理中要加大对企业环保信息的跟踪监测力度，通过多种途径及时发现企业在环保方面存在的问题，将企业环保信息及时录入信贷管理系统，防范环境违法突发事件带来的信贷风险。充分利用人民银行的"企业征信系统"和银保监会"信息披露系统"查询企业环保情况，对不符合国务院、人民银行和银监会要求的企业，均按照农发行信用等级评定、授信管理和信贷审查等有关办法的要求进行相应的降低信用等级和减少授信等措施，减少或停止对这类企业的贷款投入。

三是有保有压，合理配置信贷资源。对鼓励类投资项目，要从简化贷款手续、完善金融服务的角度，积极给予信贷支持；对限制类投资项目，要区别对待存量项目和增量项目，对增量项目不提供信贷支持，允许存量项目的企业在一定时期内整改，按照信贷原则给予必要的信贷支持；对淘汰类项目，要从防范信贷风险的角度，停止各类形式的授信，并采取措施收回和保护已发放的贷款；对不列入鼓励类、限制类和淘汰类的允许类项目，在按照信贷原则提供信贷支持时，要充分考虑项目的资源节约和环境保护等因素；未执行环评审批和验收的项目、未按环保审批要求落实环保措施，依法被环保部门查处的企业将不能得到各金融机构的信贷支持，已发贷款也要被追回。具体而言，在继续支持国家淘汰小钢铁、小电石、小铁合金、小水泥、小火电"五小"行业落后产能的基础上，从严控制高耗能、高污染和产能过剩行业。同时，提高退出类客户的准入标准，制定退出计划，落实退出责任，加大退出力度。

6. 构建推行绿色信贷的银行治理结构

通过改进银行公司治理，推行绿色信贷的路径如下：

一是根据银行公司治理模式的变化，设计相应的绿色信贷推行路径。传统公司治理模式下的公司治理结构的设计、构建和改革始终以维护股东的利益为中心，对非股东利益的关注并不明显，企业的社会责任化程度低。现代公司治理模式下，无论是美国式还是欧洲式的公司治理，都体现了企业社会责任在其中的重要地位。美国致力于通过改革董事的义务责任体系，欧洲国家通过吸收职工参与公司的管理，以强化公司的社会责任。与传统公司治理模式相比，现代公司治理模式或许不利于绿色信贷的推行。所以，必须强化股东权利，完善股东提案制度。对此，世界各国立法和相关的国际组织都制定了“原则”和“推荐意见”。尤其是美国，证券管理委员会颁布了有关股东提案的规则。依这一规则，股东可以依法请求公司的经营者，将其提案列入公司征求委托书中，寄发各股东。而经营者面对股东关于规避信贷环境风险的要求，不得不将其提案考虑在内，从而采取妥协方案，这样既有利于股东长远利益的实现，又有利于绿色信贷的推行。

二是根据股东目标的变化，设计相应的绿色信贷推行路径。股东目标的多样化影响银行的经营行为。投资者进行证券投资，其目标不但考虑经济方面，有时还考虑社会、公司控制等方面，尤其是出于社会和伦理因素而投资的所有者，必然影响银行的经营行为。所以，应多鼓励具有绿色意识的个人和企业购买银行的股票，成为银行的战略投资者，以便更好地监督银行的经营。同时，积极鼓励机构投资者将社会责任投资融入价值投资理念中。在目前倡导机构投资者要进行价值投资时，更应当鼓励机构投资者关注上市银行的经营行为，看其是否符合环境保护的要求。还可以在董事会中设立环保董事，或设立社会责任履行委员会；在监事会中设立环保监事，或设立社会责任监督委员会。

三是根据股东结构的变化，设计相应的绿色信贷推行路径。在西方发达国家公司的投资中，一个重要的变化就是机构投资者的增加，机构投资者在促进其成员利益时增强了公司的企业社会责任。因为机构投资者不但关注投资公司的财务表现，而且对公司的战略与长远发展也很关注。自然，绿色信贷也会纳入其视野中。所以，应当大力发展机构投资者，尤其是发展具有环保色彩的机构投资者。自 20 世纪 70 年代始，美国机构投资者迅猛发展。资产规模从 1975 年的 USD460 亿发展到 2005 年的 USD80000 亿，基金个数也从 425 家发展到了今天的 8000 家，基金持有人从 1000 万人到 2.67 亿人。机构投资者在上市公司的股份比例从 1950 年的 7.2%增加到 2001 年 46.7%。机构投资者逐步替代家族开始在上市公司中发挥主导作用。美国的这一经验值得我们借鉴。

7.客户分级管理

可将贷款企业分为鼓励、预警和限制三类，并动态调整，对不同类别的企业实施不同的信贷准入和条件。

鼓励类的是：符合国家产业政策、实施减排工程成效显著的企业；循环经济和清洁生产成绩突出的企业；长期稳定达标排放的环保先进企业。

预警类的是：长期超标排放的企业；减排工程严重滞后的企业；排污费欠交 50%

以上的企业;逾期半年以上,未消除重大环境隐患的企业。

限制类的是:国家产业政策明令淘汰的企业;县以上政府下令关停的企业;违反环评法擅自建设或生产的企业;造成重特大环境损害,严重威胁群众安全的企业。

银行应该严格掌握信贷投放的环保标准,实施差别信贷:对减排工作做得好的,优先给予信贷支持;对没有很好完成减排任务或违法排污的,严格信贷控制。

8. 完善环保信息共享制度

银行的安全性经营原则与贷款的环境风险紧密相关。获取企业在环境治理方面的信息,对商业银行建设良好的信贷风险管理环境意义重大。在环境问题与信贷安全上,我国曾有过深刻教训。可见,良好的信贷政策必须通过有效实行才能产生实际效果,而政策执行的关键在于相关职能部门的信息共享和监督把关,只有强化政策的衔接,确保监督管理部门能够依靠充分的依据实现真正的联动,才能保证政策的有效落实。把环境信息系统与金融部门共享,保障环境保护与金融信贷的联动,将是环境保护与金融安全的双赢。

环保部门与金融机构亲密无间的合作,一能达到环保目标,二能预防信贷风险,能起到“一石二鸟”的效果。银行通过信贷限制污染项目,将有效促进符合产业政策的项目发展。世界银行、亚洲开发银行等国际性的政策性银行,对于影响环境的信贷就有非常严格的限制,这在国外已经形成了比较成熟的政策体系。

环保部门、银行和银保监会及时充分交流信息,牢牢掌握第一手材料,互相通报相关方面的制度、规定并建立起可操作性的规程和措施,是保障绿色信贷政策有效落实的当务之急。要制定配套性的政策措施和标准,强调相互的关联性,明确审查和监督的衔接性,消除制度上的漏洞。不仅要让银行部门充分了解环评程序、环评文件的合法性,还要将对污染企业的通报以明了的方式传递给银行部门;不仅要让银行部门看到环保部门的工作程序,还要让它们看得懂、看得明白。而银行部门也应与环保部门积极配合,及时把相关企业的信贷信息传递给环保部门,便于环保部门及时了解企业动向,提前介入监管。

将环境信息纳入企业信用信息征信系统,有利于建立更为全面完善的社会征信系统,进一步增强环境政策的执行力。环保部门向金融部门所提供的环境信息既包括企业环境违法、排放总量超标、发生重大或特大环境污染事故或事件、拒不执行环境行政处罚决定等负面信息,也包括通过环保“三同时”审批、环保认证、清洁生产审计、环保先进奖励等“利好”信息。企业在一地违法,在全国都将寸步难行,特别是在贷款申请、年检、上市、评优等活动中都将受到限制和影响,而企业若在环境保护上成绩突出，则相应地会得到信贷政策的优惠倾斜。由此可见，绿色信贷制度必将有力地促进企业加快淘汰落后产能和工艺，加强技术创新和改造，强化污染治理，在一定程度上改变“企业环境守法成本高、违法成本低”的状况。

环境经济政策的执行，需要相关部门产生合力，而合力不仅来自共识，更来自消除部门间专业认知上的障碍后工作衔接上的顺畅。

第二节　绿色债券的发展

绿色债券具有传统债券结构简单、收益相对稳定的优点，同时限制资金只能投资于有利于环境保护和气候“减缓与适应”的领域，并要求收益使用过程具有高透明度。它是一种新型债券，且市场潜力巨大。国内关于绿色债券的研究仍处在初级阶段，缺少对于建设我国绿色债券市场的系统探索，缺少从金融学角度对绿色债券作为一种新型投资种类的立体评估，本章旨在从这些层面进行适当的探索。

一、绿色债券概述

(一)定义

绿色债券是专门为环境保护、可持续发展或减缓和适应气候变化等具体项目而融资的债券或债务性证券。近年来，绿色债券市场得以迅速发展，各类气候相关债券品种相继出现，包括可持续发展债券、气候债券，另外还有部分债券尚没有明确标明绿色用途，但募集资金投资于环境相关资产或项目，累计融资规模已超过千亿美元，成为绿色金融的重要组成部分，同时也成了可持续发展的重要融资方式。对于绿色债券的定义，国际上各组织机构略有不同，但其基本含义和定义基础是相通的。

在国际资本市场协会颁布的绿色债券原则中定义，“绿色债券是指任何将所得资金专门用于资助符合规定条件的绿色项目或为这些项目进行再融资的债券工具。”我国发改委发布的《绿色债券发行指引》中对绿色债券的定义为：“募集资金主要用于支持节能减排技术改造、绿色城镇化、能源清洁高效利用、新能源开发利用、循环经济发展、水资源节约和非常规水资源利用开发、污染防治、生态农林业、节能环保产业、低碳产业等绿色循环低碳发展项目的企业债券。”

对绿色债券定义表述的正确理解，有利于确定绿色债券资金仅用于投资绿色项目或项目中绿色资产部分，有利于明确绿色项目的环保技术标准，有利于绿色债券项目的技术标准和最终效果与国家环境保护目标相一致，推动国家环境治理与经济转型。

(二)绿色债券的种类

1. 按照发行主体分类

按照发行主体分类,国际上绿色债券具体分为四类:多边国际金融组织发行的绿色债券、地方政府或市政绿色债券、国家政策性金融机构与商业银行发行的绿色债券、跨国企业或大型公司发行的绿色债券。

2. 按照气候债券倡议组织标准划分

按照募集资金投向和偿还顺序的不同,气候债券倡议组织将绿色债券划分为四种不同的类型。

绿色“资金投向”债券最容易为人们见到和了解,归属信用债券的范畴。绿色“资金投向”收入债券相较而言更为复杂,以美国夏威夷州发行的绿色债券为例。首先,该州政府以非常低的价格这种收入债券,债券所募集到的资金归属一个第三方的绿色基金监管,第三方基金机构借贷给消费者,收取较低的利息,最后消费者利用借到的资金购买特定的环保和节能设施。该绿色“资金投向”债券的清偿首先来自贷款的消费者,该债券的担保由该州环保节能社会福利收费提供担保。所以这类债券的担保不需要发行人,清偿时也没有对发行人的追索权。

绿色项目债券的一个例子是美国阿尔塔风能控股有限责任公司的绿色债券,它以阿尔塔风能项目作为担保发行债券。最后一种绿色证券化债券可能以某一已经存在的项目作担保;也可能以未来绿色项目作担保。

绿色证券化债券的担保可以是发行人现有的项目,也可以是发行人未来规划中的绿色项目,其中较为特殊的一种债券是资产担保债券,它的特点是具有对特定资产的抵押权和追索权的“双追索”。

3. 按照募集资金用途分类

根据募集资金用途分类,绿色债券划分为七个种类,包括运输、建筑与工业、废弃物与污染控制、农林业、能源领域、水处理和涵盖以上几大类的综合型债券。

4. 其他分类方式

上述三种分类方式是绿色债券最常用的分类,具有鲜明的“绿色”特点。除此之外,绿色债券也可以按照传统债券的分类标准进行分类。如根据债券计息方式,绝大多数的绿色债券都是固定收益型债券,又称定息债券。根据募集方式的不同,有公募绿色债券和私募绿色债券等。

(三)绿色债券的特点

对于绿色债券而言，其除具备普通债券的属性之外，还拥有自身的特殊性。从绿色债券的发行准备到发行后募集资金的使用最后再到绿色企业的发行绿色债的存续期间的披露等方面都可以得到体现。

1. 融资成本较低

绿色债券筹集资金用于绿色发展事业，发行主要是为低碳绿色项目或资产募集更多的资金。由于绿色债券为社会带来公共效益，因此能够得到政府财政、税收等的优惠，从而降低发行成本。

2. 较高的信用评级

目前发行的绿色债券都有较高的信用评级，由于其标的资产的环境与可持续发展效益，和其公开透明的信息披露要求，使得违约风险相对降低，投资风险较其他品种债券有其自身优势。

3. 发行潜力巨大

国务院发展研究中心金融研究所的研究报告《2016 年 3000 亿元绿色债券：解新能源融资难题，但问题依存》的结论表明，“我国绿色产业的年投资需求在 2 万亿元以上，而财政资源只能满足其中的 10％～15％，融资缺口达 1.7 万亿元以上”，其需求量巨大，随着社会上对环境、绿色发展的关注和认可，也吸引了主权基金、养老基金等长期性投资机构的关注，对于发行机构的资金来源来说，这也有利于优化其投资者结构。

4. 发行应满足相关要求

绿色债券发行人在一般债券发行人的基础上附加了绿色属性，即其所发行的债券应当满足相关法规对于绿色债券认定的规定。例如，国内发行人须确保金融债和公司债募集资金投向满足《绿色债券支持项目目录》要求的项目，企业债募集资金投向满足《绿色债券发行指引》规定的十二类项目。因为绿色债券对生态环境和经济的发展都有正向影响，更易得到政府支持从而获得优惠政策。绿色债券一般为中长期债券，主要是由于绿色项目从开发到投入运行再到回报周期较长，因此债券存续期也随之变长。

5. 募集资金的使用和管理具有专门规定

和一般债券相比，发行绿色债券募集的资金使用方面有诸多限制，其募集而来的资金只能用于绿色项目的投资或用于节能技术的更新改造，且针对资金使用是否落在相关绿色项目上进行确认；对于募集资金的管理相较于传统债券也更为严格，大部分都要求设立专门的账户对资金进行存储。

6.发行后应对募集资金使用情况持续披露

发行人需要对募集资金的使用情况进行持续披露,以便投资者清楚了解资金确实按规定用于绿色项目,还应当对绿色项目的绿色效应进行评估,并予以披露。因此,绿色债券发行的相关监管机构就会严格监管发行主体的持续披露,有些还要求发行主体通过第三方专业机构对绿色项目进行审计评估。

总之,绿色债券与传统债券最主要的区别是,绿色债券募集的资金只被用于特定的绿色项目,资金使用过程会被追踪和监测,以确保募集资金的流向与债券发行目的相一致和产生正环境效应。作为一种新型债券,目前的绿色债券通常要求具有简单、透明、可比性、流动性等特征,并且需要接受信用评级,以更有效地吸引投资者。

(四)绿色债券的功能

1.绿色债券为发行人提供了新的融资渠道

对于非绿色企业来说,它们拥有相对广泛的融资渠道,包括债市、股市、私募基金等。但传统的绿色融资渠道相对比较单一,绿色信贷占到全部社会融资总额的60%左右,造成了明显的问题。绿色债券作为一种成本较低、流动性较高而风险较低的投资工具,有利于这一问题的解决。它可以增加中长期绿色项目融资的可获得性,降低绿色项目融资成本,为投资者提供参与绿色投资不一样的融资渠道。

2.绿色债券帮助发行人解决期限错配问题

发行绿色债券可以帮助发行者解决期限错配问题,实现更长期的绿色融资。考虑到银行的负债端的期限只有半年,绿色项目的时间一般较长,就会导致期限错配的问题。而随着国际社会更加关注生态环境问题,国际市场的大型投资者一般是“责任投资者”以及主权基金、养老基金等,成为认购绿色债券的主要群体。

由于这些机构具有非常显著的长期投资特征,而绿色项目募集资金规模较大,期限相对较长,平均在3年到10年之间,大约28%的投资期限超过10年。

因此,发行绿色债券不仅有利于绿色债券机构优化其自身的投资者结构,也可以解决期限错配的问题,实现更长期的绿色融资,更适合大型基础设施建设等资金需求大且投资回报期限较长的投资项目。

3.绿色债券对发行人来说融资成本更低

由于绿色债券募集的资金使用是有限制的,通常用于绿色项目,符合可持续发展理念,更容易享受到政府补贴、税收优惠等支持,对于绿色债券的融资可得性、稳定性和成本效率有正面的影响。同时,绿色债券的发行者大多为大型跨国公司、开发性金融机构以及政府，根据联合信用评级有限公司的《绿色债券及其评级方法概述》，如果债券发行人或募集投资项目有“正外部性”，则其认定的评级结果通常较优，发行债券将能享受“优惠”，往往具有较低的发行成本。

另外，传统能源行业污染较大耗能更高，属于夕阳产业，限制很多。而绿色债券可以促进传统棕色行业的“绿化”，因此，绿色、低碳和可持续项目受到了资本市场更多的青睐，国际资本出现大规模的调整配置浪潮，对绿色债券的需求增加。多方面因素的共同作用下，绿色债券通常享有较低的融资成本。

4. 绿色债券有助于改善发行人中长期财务状况

虽然发行绿色债券需要承担适度的额外成本，但从长期来看，这种额外成本会被抵消。债券发行初期，发行人需要承担的成本不仅包括制定绿色债券框架所需的资源、建立其他内部程序和结构所需的资源的费用，也包含了来源于合格项目选择流程、资金专户专用和管理、监测和信息披露以及获得外部保证等方面的费用。

但从长期来看，绿色标签可以满足预期环境可持续性向好发展的投资者的需求，从而使投资者群体更加多元化，降低发行人的融资风险，减少债券市场波动的风险敞口，改善发行人的中长期财务状况。同时，投资者对绿色债券的环保认证和信用风险开展的尽职调查，也可以为发行人带来更长远的利益。因为投资者一旦进行了这种尽职调查，出于成本考虑，他们在未来就更有可能考虑同一发行人发行的普通债券。

因此，上述额外成本可被视为发行人为应对未来具有挑战性的市场而预先支付的保险费，当金融体系出现困难时，发行人可以通过其投资者的多元化和忠诚度来缓解风险。

5. 发行人可以通过绿色债券提升资本市场形象

绿色债券所募集的资金多用于资源节约型和环境友好型的项目建设，有助于发行人向投资者、客户和公众宣传其公司的可持续发展战略规划，凸显发行人的绿色资质以及对于绿色投资的支持，彰显债券发行主体的社会责任感，提升公司的社会知名度和品牌声誉，这些宣传使消费者对发行人的服务和产品产生积极的需求，有助于提升公司的市场形象。

绿色债券的发行对发行人自身也提出了更高的要求。要求发行人通过追踪绿色债券的使用及收益报告的方式，督促企业改善内部的治理结构，促进项目方和财政方的沟通。同时，发行人在开始债券验证过程时，也需要对绿色债券外部验证流程有充分的了解，例如，成为绿色债券的前提条件、项目评估和选择的要求、募集资金的使用和报告要求等，确保满足投资者的期望。这些要求有效地促进了发行主体在资本市场的品牌形象。

二、绿色债券运行模式:以巨灾债券为例

巨灾债券是绿色债券的一种特殊形式,保险公司或再保险公司为规避巨灾所造成的损失,采用债券的形式将所承保的巨灾风险证券化。它的产生和引入极大增强了保险业的承保能力,为巨灾风险提供了可靠的转移方式,为损失补偿提供了可信的资金来源,也为资本市场的机构投资者提供了收益高风险小的优良投资工具。

(一)巨灾债券的运行机制

第一,SPRV与保险公司(分保公司)签订再保险合同,接收分保公司分出来的巨灾风险以及相应的再保险保费,并以此为基础,开始设计、发行巨灾债券产品。

第二,SPRV向投资者发行巨灾债券,同时约定触发条件和债券利率。债券的利率通常为伦敦银行同业拆借利率加风险利差,风险利差依债券发行的条件与债券信用评级而有所不同,一般在2%～3%之间。

第三,SPRV把发行巨灾债券所获得的资金存入一个信托机构,用于购买国库券等低风险的投资,放在信托机构的这些资金将被用来支付分保公司的索赔或投资者的债券投资收益。

第四,在约定的期间内,如果没有发生巨灾事件,SPRV将存入信托机构的资金收回,并按照约定的债券利率支付投资者投资收益,同时交易终止。但是,一旦所约定的巨灾事件发生且达到触发条件要求,SPRV将立即收回存入信托机构的资金,提供给分保公司相应的赔偿,剩余的资金将偿还投资者,投资者将可能得不到任何利息,甚至本金都可能全部或部分丧失。

(二)巨灾债券的运行模式

世界银行宣布启动实施“多巨灾债券发行方案”,这是一个可以为政府和其他公共机构通过国际资本市场获得自然灾害风险保险提供机会的巨灾债券发行平台,也是建立旨在帮助政府通过资本市场获得可承受保险保障的平台,并且该方案为今后发行巨灾债券建立了统一的文件、法律和业务框架。该方案具有很高的灵活性,可以支持旨在利用多样化优势的各类机制,包括多种风险共保机制。世界银行为该平台制定的主要目标之一,是为投资者通过其独立资产实现投资业务多样化提供机会,为发行巨灾债券增加投资者数量,进而最终为其借款客户实现成本效益。而类似的方案完全也可以结合我国的国情而衍生出相应的巨灾债券运行模式,尤其是国开行可以借助自身强大的政策性银行功能开发出新的运行模式。

三、绿色债券的发展现状

(一)国际情况

绿色债券的概念，通常被认为由世界银行和欧洲投资银行在2007年开始提出。2007年欧洲投资银行率先发行了气候意识债券。这是多边机构中发行的第一支环保主题债券，被认为开创了绿色债券发行的先例——即明确募集资金将被用于绿色项目，只能投资于能效和可再生能源项目上，并设立严格的专款专用标准。

2008年世界银行发行了世界上第一支“绿色债券”，募集资金专门应用于减缓和适应气候变化的项目。这只绿色债券将固定收益类产品要素与缓解和适应气候变化的意识相结合，为主流投资者提供了与气候变化相关的投资机会，从而吸引了众多的主流投资者。此后，越来越多的多边机构、政府和企业参与发行绿色债券。

随着人们对环境问题越来越重视，以及一些投资者的融资需求，绿色债券的发行量不断增长在国外绿色债券发行主体方面，开发性金融机构最具有积极性，同时也是这个市场上的主要发行人。由气候债券倡议组织发布的最新报告显示，国际金融机构和政策性银行发行额占比最大达40%，其次是企业，发行额占比达35%，说明国际上绿色债券的发行主体是以国际金融机构和政策性银行为主。

欧洲投资银行、世界银行集团和其他SSA的发行人，在支持绿色债券市场的发展、推广发行流程和信息披露等实践方面，发挥了重要作用。世界银行(国际复兴开发银行)是第二大发行人，发行的绿色债券数量超过125只，以18种货币计价，面值超过100亿美元。

绿色债券的第三大发行人是德国复兴信贷银行(KFW)。另一个重要的SSA发行人是专注于私营部门的世界银行集团成员——国际金融公司(IFC)，它也是最早的和最大的(总发行量达54亿美元)绿色债券发行人之一。其他的发行人还包括多边或国家开发银行如非洲开发银行、亚洲开发银行、美洲开发银行、金砖国家开发银行、巴西国家开发银行、韩国产业银行以及墨西哥发展银行等。

在美国，市政绿色债券市场规模发展迅速，其规模已占据整个美国国内绿色债券市场的半壁江山。其中，纽约州、加利福尼亚州和马萨诸塞州等州政府在免税政策的刺激下，已成为美国市政绿色债券的最大发行人。在公共交通领域中，西雅图、伦敦、加拿大安大略和澳大利亚维多利亚等地也都发行了绿色债券。

近些年来，非金融公司在绿色债券市场的重要性也逐步显现。市场的高速增长在一定程度上得益于许多知名非金融公司的引领作用，在筹集到资金的同时，自身的绿色运营(包括其设施、产品和供应链)也得到了促进,为其他的公司树立了榜样。

金融机构的绿色债券发行量正稳步增长,前景广阔。金融机构提供的贷款在大多数国家里是最重要的资金来源,而债券在金融机构的融资方面又发挥着重要作用。随着各国对可持续发展的重视,绿色金融融资需求巨大,绿色债券的发行对于金融机构来说意义深远。根据经济合作与发展组织(OECD)的估计,在各国达成共识——21世纪末将全球气温升高控制在2℃以内的大背景下,金融部门的绿色债券发行有望继续强劲增长,预计绿色债券总额将于2025年达到1万亿美元,于2035年达到1.7万亿美元。

国外绿色债券的资金投向方面,国际绿色债券市场上通过发行绿色债券募集的资金主要投向了能源行业,构成市场的27.8%,其次是建筑与工业,构成市场的9.2%,表明能源项目是大部分主体金融机构支持的重点项目。

国外绿色债券发展的经验表明,绿色债券从结构、评级(信用角度)、定价和营销等方面与任何其他债券并没有显著区别。它们的主要区别在于绿色债券要求将募集资金投入能够产生环境效益的项目,还要对募集资金的使用、产生的环境影响和收益等进行核查、监测与报告。

发行绿色债券可以获得明显的好处,主要表现在三个方面:

第一,相比传统债券,绿色债券定价和需求更高。市场对绿色债券抱有非常浓厚的兴趣,随着作出负责任投资承诺的投资者数量增加,以及承诺对可再生能源和低碳技术等领域增加投资的投资者数量增加,绿色债券的需求也迅速增长。此外,投资者越发意识到诸如清洁运输、能源效率、清洁能源和技术、林业和气候适应等领域的投资机会,并增加对这些领域的投资。绿色债券在定价和需求方面的优势使得发行人可以降低发行成本,一般比初始指导价低0.5到5个基点。

第二,绿色债券正面宣传了公司或者组织的形象。发行绿色债券可以吸引新的投资者(即投资者群体多元化)。发行人还可以通过绿色债券来履行他们对环境投资的承诺,从而积极地宣传公司形象,塑造公司品牌。

第三,绿色债券可以促进发行人的内部建设。绿色债券发行流程通常需要发行人内部不同部门之间协调配合、共同合作,以预筹、开发和营销绿色债券。这样,绿色债券发行人可以在组织内建立新的沟通渠道,加强各部门之间的沟通,将可持续性和环境问题进一步纳入发行人的核心业务中。

国外绿色金融发展较早,绿色债券的体系无论是绿色项目的界定、外部审核机构的审查、第三方认证机构的评估都较为完善。这对我国绿色债券的发展提供了启示作用。在充分考虑我国特殊国情的情况下，可以充分借鉴国外的先进体系，减少探索时间，让国内的绿色债券市场更加健康，使更多的绿色企业能高效利用资本市场进行融资。

(二)国内情况

我国的绿色债券的首次实践是中广核风电有限公司发行的“14 核风电 MTN001”，也是我国第一只“碳债券”。紧接着，新疆金风科技股份有限公司发行了我国第一只绿色债券，且该绿色债券由专业的第三方机构认证过。

我国金融机构第一次发行绿色债券是是我国农业银行发行的规模为 10 亿元的 3 期双币种绿色金融债，也是我国金融机构首次在国际市场上成功发行绿色债券。

第三代环保主义组织(E3G)和中央财经大学气候与能源金融研究中心(RCCEF)组织了我国气候融资高层论坛并联合成立了我国绿色投融资对话平台。会议闭门讨论了将绿色债券引进我国所需的必要条件和政策要求，建成绿色债券市场的障碍、作用、潜力及与国际市场接轨等问题。

人民银行发布绿色债券支持项目目录，中债资信发布绿色债券支持项目目录评价标准。我国证监会发布《关于支持绿色债券发展的指导意见》、我国银行间交易商协会发布《非金融企业绿色债务融资工具业务指引》，明确了企业在发行绿色债务融资工具时应遵守的相关要求。

浦发银行在银行间市场成功发行绿色金融债，首期 200 亿美元，成为我国债券市场首只“贴标”绿色金融债，与此同时，兴业银行在银行间市场成功发行绿色金融债，首期 100 亿美元。同年浙江嘉化能源化工股份有限公司在上交所成功发行我国首只公司债券。

全国首单绿色非公开定向债务融资债券发行。云南省能源投资集团有限公司按照票面利率 3.98%的价格非公开募集 5 亿元人民币，期限 5 年，在发行人、承销商、市场及投资人逐步探索出了一条清晰而规范的发债流程，畅通了私募绿色债券的发行通道，也为其他类型绿色债券的发行提供了样板。

上海证券交易所和中证指数有限公司正式发布上证绿色公司债指数、上证绿色债券指数和中证交易所债券指数，引导绿色债券投资，扩大绿色债券市场影响力。第二季度，我国发行 68 亿美元绿色债券，占全球发行总额的 21%。符合界定标准、且经主管部门许可或核准上市的绿色债券 100 余只，其中交易所市场 54 只(含跨市场债券)，其债券命名均带有“绿色标识”。

全国首单融资租赁绿色债券发行。由兴业银行主承销的中电投融合融资租赁有限公司2017年第一期非公开定向债务融资工具成功发行，所募集资金全部用于风力、水力、太阳能光伏发电等清洁能源类租赁项目，与传统火电项目相比，该期债券募投项目每年可节约标准煤约77.4万吨，折算减排二氧化碳约206.8万吨。

由国开证券独立主承销的新华水力发电有限公司绿色可续期公司债成功发行。本期债券是市场首单央企发行的绿色可续期公司债，也是国开证券独立主承销的首单绿色公司债及首单可续期公司债。

本期债券发行规模10亿元，期限3+N年，利率5%，全场申购21.75亿元，发行利率较发行人心理预期低30BPS。债券募集资金将用于新华水力绿色产业领域，如水能、风能、太阳能、生物质能等清洁能源开发利用等，对于开创清洁、高效、安全、可持续的能源发展之路，助力国家经济持续健康发展具有积极作用。

四、绿色债券的发行和投资主体

鉴于数据获得因素，我们以2016年为例，对绿色债券的发行和投资主体进行结构分析。

(一)总体发行数据

根据Wind公开数据统计，2016年我国国内总共发行了83只绿色债券，合计金额为2095.19亿元。其中77只为贴标绿债，合计金额为2052.31亿元。发行主体发行的绿色债券主要分为六大类，分别为金融债、企业债、公司债、中期票据、国际机构债、资产支持债一共53只。

在我国绿色债券市场发行的这六类债券中金融债的发行额达到1550亿元，发行支数21只，平均单笔融资规模为78.81亿元，这三项指标在其他类别的债券中都是最高，其次就是公司债排行第二。这些数据指标说明金融企业有投放绿色项目产生的资金需求，更体现出以商业银行为代表的金融机构愿意承担建设生态文明的社会责任。

除金融债的占比最高以外，其他五类债券的占比之间差距并不是很大，这五类债券的发行主体是一些有实际融资需求的公司，说明这些公司对于发行绿色债券建设绿色债券市场的意愿很大，我国绿色债券的发展也得到了这些公司的支持。

(二)我国绿色债券与市场整体对比

我们统计了我国债券市场2016年各类债券的发行额以及各项指标，大致分为国债、地方政府债、同业存单、金融债、企业债、中期票据、短期融资券等，并分别列出了各类债券下绿色债券的发行额、发行只数、平均单笔融资规模。

除了中期票据中绿色债券的单只融资规模略小以外，其他分类下绿色债券平均单只的融资规模都还比较大，表明绿色债券作为一种新型的融资金融工具发挥着强大的作用，也是一种必然的结果。

（三）我国绿色债券发行地点分布

我们统计分析了我国绿色债券主要发行的四个场所，包括跨市场、上海、深圳、银行间。通过分析绿色债券在这些市场的发行金额与发行只数，得出了绿色债券在这些发行市场所占的金额比例以及只数比例。

银行间绿色债券的发行金额和占比是最高的，发行金额为1662亿元，高出其他发行市场很多，发行金额占比高达83.72%。从银行间绿色债券的发行只数来看，也是高出其他发行市场很多，由此可得出绿色债券的发行地点多集中于银行间市场。

（四）我国绿色债券发行主体行业

根据相关资料统计了参与发行绿色债券的主体涉及8个行业，包括金融业、交通基础业、电力能源业、水务业、采矿业、制造业、商品服务及物品类、综合类。

2016年绿色债券发行主体中银行业占比最多，发行主体个数为11家，说明2016年有11家银行参与了绿色债券的发行。与此同时表明了以银行为代表的金融机构发行绿色债券更积极，更体现出以商业银行为代表的金融机构愿意承担建设生态文明的社会责任。

（五）我国绿色债券发行主体所在地

我国34个省份中总计有11个省份的企业发行过绿色债券，其中北京是绿色债券发行企业最集中的地区，总计有13家，这一方面是由于银行等大型国企、央企的所在地是北京；另一方面也是由于绿色债券的研究机构等地处北京，绿色债券的信息传播更快捷，企业对绿色债券的了解更加深入，发行意愿更强烈。由此可见，宣传推广是绿色债券发展过程中不可缺少的环节，也是未来需要重点发展的环节。

发行省市中，绿色债券发行总额最高的是上海，发行总规模达到830亿元，这主要是由于两个发行大户——浦发银行和交通银行地处上海。发行只数最高的省份是拥有绿色债券发行企业最多的北京，总共发行了21只绿色债券，占发行总数的42%。北京发行绿债的企业最多，且以实体企业为主，再一次印证了宣传对于发展绿色债券的重要性。

当前发行绿色债券企业所属的11个省份及直辖市，它们或地处沿海经济较发达地区如江浙沪与福建、广东，或地处高校密集、科研能力较强地区，如北京、武汉等。

一些省份暂时无发行绿色债券的企业，但这并不说明这些地区没有绿色项目可以投资，只是由于这些地区经济欠发达或是教育水平相对落后，因此绿色债券的信息还未普及。这需要研究机构与有关部门通力合作去走访相关地区，对绿色债券进行有效宣传和推广，相信不远的未来，绿色债券的发展也会如我国经济一样，由沿海向广阔的内陆快速推进。

五、我国企业发行绿色债券存在的问题分析

(一)企业发展绿色项目的认定不清晰

我国债券市场虽然在政策的指引下快速发展，但是市场分割、监管部门没有统一会导致市场混乱，再加上主导绿债发展的部门之间意见没有统一，各行其是，导致市场乱象频出，顶层设计的不统一导致绿色项目在分类、资金管理、信息披露等方面存在差异，许多公司乘虚而入，打着绿色的旗号实际发行的却是公司债，这与认定不清晰有很大关联性，也会导致绿债市场发展不健康。如何充分发挥政府职能的联动，促进各方开展合作，避免单打独斗，统一规范是当下亟须解决的问题。

目前，我国绿色债券的认证标准主要参考人民银行公布的《绿色债券支持项目目录》和国家发展改革委公布的《绿色债券发行指引》。其中，在银行间市场发行的绿色金融债主要依据人民银行公布的目录；而在交易所发行的绿色公司债、企业债则主要依据发改委公布的指引，两者口径略有差异，且缺少互相认可。在此情况下，投资者很难对绿色债券的透明性和真实性作出判断，市场对项目的绿色属性也难以把握，也就会对发行主体要求更高的收益率来弥补风险。同时，财税优惠、奖惩政策以及针对绿色项目的政府担保等可能的支持措施得不到落实，也会影响绿色债券市场的健康发展。

(二)对债券的披露不完善

由于我国对于绿色债券的认证标准迟迟没有统一，对于市场监管方来说很难按照统一标准对市场进行监管，市场监管的无序进一步导致了许多企业信息披露存在问题，投资人在信息不对称的情况下，很难对各机构出具的报告完全信任，也无法通过横向对比了解债券的优劣，就会在投资时犹豫不决。我国的第三方认证机构大多数是咨询公司或研究所转变而来，理论经验相当丰富，但是实际操作经验相对不足，在与国外第三方机构竞争时，就显得专业性不足。因此，国外第三方机构处在市场强势地位，发行方因为市场的不完全竞争，往往需要花费更高的费用用于第三方认证，增加了发行成本。同时由于市场准入门槛较低，有许多不专业的第三方机构浑水摸

鱼。这些阻力都是使企业发行受阻的原因，对企业自身而言增加了成本，于绿色债券市场的长期发展而言相当不利。企业如果想通过发债进行融资，考虑到发行绿债审核流程严格，评估认证花费较高的费用，也会优先选择发行普通债券，因为相比于绿色债券，普通债券在发行时，资料审核要求、对信息披露的要求和募集资金管理的严格性等方面都较低。

（三）企业内部对募集资金疏于管理

虽然在《绿色债券原则》中对募集资金的管理有所要求，但是资金到达企业账户后，监管部门很难确保对企业资金流向的动态监督，企业提交的定期报告中也有可能是时点数，企业迫于短期偿债压力或其他突发状况难免会使用专用资金来偿还债务或进行投资等违规操作。另外，国家发展改革委对外公布《绿色债券发行指引》中并没有对绿色债券资金专项属性作出任何规定以及要求，对于募集资金管理方面的内容也未曾提及，无法对募集资金进行动态监管。虽然发改委发行的绿债大多属于国有独资或国有控股，但是仍然需要增加透明度，让投资者投的安心。

（四）企业发行绿债缺乏动力

发行绿色债券的主体募集资金主要是投入绿色项目建设或者环保技术开发，由于绿色债券这一概念还比较新，处于推广阶段，发行量较少，因此绿色债券市场还需要各方力量注入更多活力。

从 Wind 数据库统计，从发行主体的企业性质来看，国有企业占据主要地位。根据统计，共有 52 家国有企业发行了 78 个绿色债券，占比达 75.73%；国有企业共计发行绿债金额 1191 亿元，占全部绿色债券的 61.46%。整体来看，民营企业参与度有待提升。

六、我国发行绿色债券的政策建议

推动生态文明建设和经济社会绿色、可持续发展是我国绿色金融改革发展创新的重要目的。绿色债券市场是绿色金融体系的重要组成部分，构建良性可持续的、符合市场规律的生态系统对绿色债券市场健康发展具有非常重要的意义。具体而言，可从以下几个方面着力。

（一）提升发行便利，降低成本

第一，要从项目、企业及工具创新的角度进一步明确合格发行主体范围及其标准。目前，我国发行的绿色债券有三种情形。第一种是依托特定绿色项目发行的绿色债券和绿色债务融资工具。认定项目绿色属性的依据包括《绿色债券支持项目目录》《绿色债券发行指引》等。此外,有些方法论认为,应把绿色资产和绿色业务超过一定比例的企业视为绿色企业,这些企业发行的债券即可认为是绿色债券,强调在保证绿色用途的基础上给予一定的灵活性。第二种是金融机构、商业银行发行绿色金融债。绿色金融债在发行时并没有具体的项目,但要求募集资金用于绿色项目上。第三种是绿色资产证券化(ABS/ABN)。如果资产支持证券的基础资产或底层资产是绿色的,该资产支持证券也是绿色的。目前上海证券交易所对此已有相对比较明确的界定,即:基础资产绿色、基础资产非绿色但募集资金用于绿色产业领域或者发行原始权益人绿色主营业务收入占比达到标准,即可发行该类产品。但后两种情况下,要求募集资金不低于70%用于绿色产业领域。

第二,要综合运用保险、担保、抵押品等传统增信工具,以及新兴的绿色债券信用风险缓释工具、利率衍生工具,更多采用市场化手段降低发行成本。绿色债券的项目或底层资产往往因为更多考虑ESG因素和长期可持续性,投资周期和不确定性可能更高,外部性会更加明显,成本亦会相应上升。而且,绿色行业的大部分企业是民营企业,本身信用状况相对没那么高。在这些情形下,如果能够开发出针对这些发行人的信用增信工具(例如CDS或者信用缓释工具),就可以帮助绿色债券发行人提升信用、降低发行成本、更好地管理风险、降低不确定性,也有助于提高投资者认购的积极性。

第三,要完善发行基础设施,为绿色债券发行提供便利。发行基础设施包括簿记、建档、账户开立等,这些项目虽然不起眼,但处理不好,不仅增加发行成本,而且会使发行者增加畏难情绪。绿色债券在发行前需要进行专门的发行簿记,发行前后都要求有持续的信息披露,发行筹得的资金要开立专门的账户专款专用,这些都可能导致绿色债券具有较高的发行成本,因此,要在这些方面尽量减少绿色债券发行人的额外工作,为它们提供便利,减免相关税费,降低发行成本。

第四,在审计、评估、第三方认证、贴标、信息披露和社会责任报告发布等绿色债券相关基础服务和监管要求领域,加快推动完善相关体系建设,进一步明确统一标准、原则或政策框架,并力争做到与国际接轨。中央银行和各监管部门要加快建立完善相应的制度安排,引导市场为绿色债券发行提供更好的、更规范的、有明确标准的第三方服务,形成透明、规范、一致的行为指南或标准,帮助发行者降低成本。

第五,在发行审批与核准环节上,作为管理部门,中央银行和相关部门、机构应为绿色债券的发行在发行条件,如净资本要求、持续盈利能力等,在审核程序、时间等方面，针对绿色债券专门提供灵活性和相应的便利。

（二）完善投资者激励

债券发行不仅是债券发行人的事，还涉及市场上有没有足够多的投资者对绿色债券有兴趣，愿意持有、愿意交易、愿意把有限的资金投向绿色领域。中央银行和监管部门要想办法设计一套合理的制度安排，通过各种方法提高投资者投资绿色债券的积极性，从而形成发行和投资的良性循环。具体包括以下几个方面：

一是财税政策方面，可否对愿意持有绿色资产（特别是绿色债券）的境内外投资者在交易、所得及其他税费方面给予减免、返还、奖励等优惠。目前，五个绿色金融改革创新实验区及江苏省已经有一些政策尝试。

二是可考虑要求机构投资者承担更多的社会责任。特别是具有公共性质或者准公共性质的投资者（如养老保险基金、社会保障基金、主权财富基金等），应要求其在资产组合中配置一定比例的绿色资产，并发布社会责任报告。

三是应设法提高绿色债券市场的流动性，完善做市商机制，加大做市交易。开发更多二级市场交易工具及其衍生产品，例如绿色债券指数、期货、远期、掉期等产品，特别是在促进绿色债券回购业务，如提高绿色债券回购折算率等方面，推进针对绿色债券的制度和产品创新，提升便利度，吸引更多投资者，让投资者不仅能够获得投资回报，而且能够根据需要随时调整资产组合，管理好流动性及风险。

四是央行、监管部门亦应考虑制定相应的正向激励措施，在货币政策、信贷政策、宏观审慎管理政策、具体监管指标等方面向绿色债券投资者倾斜。例如，在MPA考核、中央银行接受商业银行抵质押品，以及有关宏观审慎指标，如资本覆盖要求、流动性覆盖比率等方面，优先考虑绿色债券或给予绿色债券投资更多的优惠和灵活性。监管部门对金融机构特别是商业银行持有的绿色债券，在风险权重、资本占用以及其他相应监管指标上给予特别优惠或特殊的灵活性。对于保险资金，在绿色债券投资的偿付能力监管上给予特殊的考虑，等等。

总之，要通过各种方法提高投资者投资绿色债券的积极性，从而形成发行和投资的良性循环，构建良好的绿色债券生态系统。

（三）提高国际化水平

提高绿色债券市场的开放度和国际化水平，有利于我国绿色债券市场标准的提升，有利于更好地利用国内外两个市场、两种资源支持我国实体经济绿色发展，也有利于更好构建我国绿色债券市场境内外良性互动的生态系统。

首先，推动我国绿色债券市场持续开放，提升国际化水平。在发行环节，既吸引、鼓励优质发行主体到境内银行间市场发行绿色熊猫债，也支持境内金融机构和企业赴境外发行绿色债券。笔者注意到,一些国际机构和政府组织等发行主体希望到我国境内市场发行绿色债券,我们应为他们提供必要的便利。在投资环节,自我国债券市场允许所有境外的合格投资者进入以来,境外机构投资者呈爆发式增长态势。且下一步,只要我国坚持市场开放,同时为国际投资者提供比较好的产品以及流动性管理工具,同时解决好标准认证问题、信息披露,以及相关的税费问题,我国的绿色债券市场将是非常有吸引力的。

其次,加强国际合作,深度参与国际绿色金融创新改革发展。我国在绿色金融国际合作方面做了大量工作,最突出的如中英担任共同主席的G20绿色金融研究小组连续两次完成《G20绿色金融综合报告》,相关建议分别纳入G20峰会文件;我国、法国等八个经济体的央行和监管部门发起设立央行与监管机构绿色金融网络(NGFS),推动金融机构环境信息披露,开展环境风险分析并有力地支持绿色投融资等;我国目前还与卢森堡、PRI、CBI、ICMA等国家和国际组织进行广泛的绿色金融国际合作。绿色债券领域更是如此,目前我们正考虑在绿色债券的业务和技术标准及规则制定方面加强对标国际,推动统一标准,促进形成国际共识。同时,还要在发行和投资所涉及的其他领域,如市场和产品准入、基础设施、第三方服务、会计制度和税费等方面对标国际,尽可能与国际接轨。此外,在我国五省区建立了五个国家级的绿色金融改革创新试验区,绿色金融改革创新发展取得了明显进展,也有一些突破,形成了若干可复制可推广的经验。我国乐意与国际社会分享这些有益探索、好的做法和最佳实践,真正努力成为国际绿色金融领域的参与者、贡献者和引领者。

第三节 绿色基金的发展

一、绿色基金概述

(一)绿色基金的内涵

绿色基金属于一种专项投资基金,专门针对低碳经济发展、节能减排项目、环境优化和改造项目等的建立,最核心的目标是通过资本引入来促进节能减排战略的推进。绿色基金集合了各投资方在资金、政策、资源、技术和信息、人才方面的优势,通过股权投资的方式参与企业绿色发展项目的经营运作,为项目提供所需要的财务指导和运营指导,以便项目能够顺畅发展。通常,在投资初期就已经规划好了后期项目的退出方式(通过证券市场转让股权获取收入并退出项目),所以具有非常完善的发展潜力和市场运作机制。

绿色基金是绿色项目融资的重要手段，也是绿色金融工具的重要创新，可以根据不同绿色项目的融资需求创新出不同的绿色基金种类。绿色基金平台中拥有各种融资手段和融资工具，不仅可以通过不同的融资手段和工具组合降低绿色项目的融资风险和成本，还可以集合技术创新以及商业模式的创新，促使绿色项目通过创新手段获得产业链的延伸以及提高项目的盈利能力，最终令原本盈利空间无法达到市场化要求的项目获得提升并走上市场。

(二)绿色基金的主导金融机构

绿色基金发端于美国，早在20世纪70年代就掀起了声势浩大的环保运动，环境问题受到欧美国家关注后，美国于1982年诞生了世界上第一支将环境指标纳入考核标准的绿色基金，之后欧洲国家纷纷发行绿色基金。发展至今，绿色基金主导的金融机构依旧是一些国际知名金融集团。

1997年，瑞士联合银行发起了生态绩效股票投资基金，运作4年的时间资产总额约2.5亿美元，成了当时全球规模最大的绿色基金之一，这批绿色基金有八成被用于生态和社会领域发展优秀的企业，有两成被用于生态领域创新型企业。

世界资源研究所和花旗银行在1999年合作成立的新风险投资基金，从成立之初就专注新兴市场经济体(包括我国、印度、巴西、哥伦比亚、墨西哥、印度尼西亚等)的中小企业的绿色项目，在之后十余年时间内，该基金帮助数百个产生明显环境效益的中小企业得到了数亿美元的风险融资，推动了这些企业的绿色项目发展；到2012年累积保护了耕地450万公顷、节约水资源和净化水资源57亿升、减少二氧化碳排放330万吨，为全球环境的可持续发展作出了巨大贡献。

气候变化资本集团同样从事全方位的绿色产业投融资，其私募股权部门规定仅对500万—2000万欧元规模的企业进行项目投资，且项目限制在垃圾处理、能源效率、绿色交通和清洁能源等方面。

绿色基金在我国的发展较晚，随着我国绿色金融市场的发展而兴起。2010年，我国绿色碳汇基金会(前身为2007年成立的我国绿色碳基金)成立，这是我国首家以增汇减排、应对气候变化为目的的全国性公募基金会。2011年，国务院发布的《国务院关于加强环境保护重点工作的意见》中提出："鼓励多渠道建立环保产业发展基金，拓宽环保产业发展融资渠道"，从政策层面为绿色基金的发展提供了支持。

2015年，中美绿色基金成立，这是2015年9月习近平同志访美期间中美政商两界共同倡导建议设立的纯市场化的绿色引导性基金，主要目的是通过中美跨境创新合作将我国巨大的市场容量和迅速商业化的能力与美国绿色技术、产品和服务有机结合，促进我国经济的绿色可持续性发展。

2019年，作为第二届“一带一路”国际合作高峰论坛官方成果的光大绿色基金成立，打造了国内首个完整采用ESG标准的股权投资基金。

2020年，国家绿色发展基金成立，其将投资重点放在了污染治理、生态修复、国土空间绿化、能源资源节约利用、绿色交通、清洁能源等领域。

二、绿色基金的主要模式

绿色基金所投资的项目通常具备节能环保的特性，也具有较高的科技含量以及良好的回报前景。绿色基金的种类很多，不同类型的绿色基金在发起设立方式、资金募集方式、基金投向以及基金管理模式方面有所不同，其中基金的发起主体和发起方式的不同决定了后面三项内容也会有差异。

(一)国外绿色基金产品介绍

美国：可持续基金；绿色市政债券基金。

欧洲：气候变化主题基金；环境与可持续发展基金；社会责任基金。

其他地区：新兴市场绿色基金；全球可持续发展基金。

(二)我国金融市场中的绿色基金产品

根据绿色基金的发起设立方式，我国的绿色基金可以分为四种主要模式，分别是绿色产业引导基金、绿色产业并购基金、绿色产业发展基金和PPP绿色项目基金。

1.绿色产业引导基金

绿色产业引导基金是由政府发起的一种引导性基金，其投向偏向具有公益性、具有深远意义、具有重大意义的各种绿色关键技术和绿色关键领域，投资回报期较长且风险较大。最主要的目的是引导和撬动社会资本，以推动对绿色发展有重要意义和长远意义的绿色产业的发展。

绿色产业引导基金属于产业投资基金的一种。产业投资基金在发改委发布的《产业投资基金管理暂行办法》中是一种只能投资于未上市企业，基金投向项目领域内的资本比例不得低于基金资产总值60%，通过股权投资及提供经营管理指导服务，来实现利益共享、风险分担的投资制度。在此基础上，地方政府也在筹备或设立绿色产业引导基金，以推动绿色产业的发展。

作为产业投资基金，绿色产业引导基金同样有扶强不扶弱的特点，虽然有政府加入进行投资方向引导，但作为市场化基金最终的目的依旧是通过对项目的扶持获得收益。在这个过程中，政府最主要的作用是引导，即只要符合标准的项目中有60%以上的资金会投入绿色发展领域，就符合绿色产业引导基金的要求。绿色发展领域有多种项目，其收益率也有所不同，即使同类项目也会有强势企业和弱势企业，因此绿色产业引导基金同样需要在全国范围内寻找收益率较好且拥有发展潜力的企业或项目，政府在此过程中需要引导基金将绿色发展领域的企业或项目扶持为具有核心技术的产业。

2. 绿色产业并购基金

绿色产业并购基金也可以称为绿色 PE/VC 基金，属于一种私募股权投资业务形式，与上面所说的绿色产业引导基金对应，其发起人主要是私人或金融机构，因此该基金的运作模式采取完全市场化的“募投管退”运作方式。绿色产业并购基金选择的投资对象多数为成熟的上市企业的绿色项目，可以根据上市企业的绿色项目特点和需求，通过基金为项目进行产业链纵向延伸或同行业横向整合，这不仅能够提高企业的核心竞争力，还能通过市场化手段促使绿色产业资源向优势企业靠拢，以更快地推动绿色项目的发展。

另外，此类基金采用的是完全市场化的管理模式，投资项目通常具有良好的发展潜力，且基金可以借助上市公司既有资源进行管理和运作，并以上市公司平台作为退出渠道，所以不受新股发行的影响，具有良好且稳定的项目收益，因此更利于吸引民间资金，从而引导民间资本关注和支持绿色产业的发展。

随着生态环境保护“十四五”规划以及“大气十条”“水十条”“土十条”的落地实施，整个资本市场对环保产业的投资前景十分看好，环保重资产行业的快速发展激发了绿色产业并购重组的高度需求。在这样的背景下，绿色产业并购基金的发展开始步入正轨。目前，国内的绿色环保产业并购基金多数采用的是上市公司加 PE 模式（私募股权投资模式），这种模式在商业模式、技术、融资方面具有很大的优势，比 VC 模式（风险投资模式）回报更加稳定、风险更低。现如今，已经有数十家上市公司宣布成立绿色环保产业并购基金，总规模达到 100 亿，将重点投资和培育全球碳中和领域的领先科技企业。这种发展方向为推出国际领先优势的环保企业奠定了扎实的需求基础和资金基础，能够快速推进绿色产业的发展。

3. 绿色产业发展基金

绿色产业发展基金主要由大型企业集团设立，通常会以绿色产业发展的总体目标为方向，投资行为则会和企业自身的业务发展紧密联系，一般会选择符合企业自身战略发展方向的绿色产业和项目进行投资孵化或并购。

这种基金模式一方面是企业发展战略的完善，即布局绿色产业、契合绿色发展理念，另一方面是承担和履行社会责任的重要表现，有助于提高企业的社会声誉。

大型企业集团通常具有非常完善的产业整合平台和强大的资本运作能力，因此其投资的绿色产业项目退出渠道也更加通畅，不仅投资回报非常稳定，投资风险也较低，还能够提升社会声誉、促进企业享有社会口碑。

4. PPP 绿色项目基金

PPP 模式前面已经简单介绍，其最主要的特性是政府可以通过此模式将部分政府责任以特许经营权的方式转移给社会资本，从而促使政府和社会资本建立共同承担风险、共享获取利益、全程深入合作的共同体关系。这样一来，既可以减轻政府财政负担，又会降低社会资本的投资风险。

PPP 绿色项目基金就是以 PPP 模式投资单一环保基础建设项目或若干环保基础建设项目。因为环保基础建设项目具有投资规模大、持续性强等特点，所以融资需求无法单独依靠政府解决，而通过 PPP 模式引导社会资本参与项目投资、建设和运营能够起到双方共赢的效果。

在 PPP 绿色项目基金中有一种发展较快的基金模式，即 PPP 区域绿色项目基金，这是一种能够将区域内所有绿色目标项目打包为大型区域 PPP 项目的基金，其好处是能够通过产业链延伸、技术创新、区域资源整合等方式纳入一些收益较低甚至无收益的特别项目，从而整体进行项目推进，使原本低利润的项目转化为满足市场利润需求的项目。

比如，在绿色城市建设过程中，城市绿化和城市公园建设的融资通常比较困难，因为其偏向公益性项目，收益较低。在这种情况下，城市管理者就可以在与开发商签署区域开发合同时，将整个区域内的公共设施建设一同打包签署，以此作为开发商获取区域公共设施开发许可的条件。开发商签署合同后，会获得少量政府财政支持，自身也需要付出大量资金来打造区域内的公共设施，毕竟区域公共设施的好坏与开发商主体开发项目的收益息息相关。但 PPP 区域绿色项目基金也有一定的限制，如其仅为某区域的绿色 PPP 项目融资，不能在全国范围选择项目。

PPP 模式被引入绿色产业基金中，不仅能够保持政府的引导作用，还可以通过政府的参与为绿色项目隐性增信，从而更容易吸引社会资金参与。目前，市场化程度较高的绿色发展领域主要包括垃圾焚烧、生态修复、污水处理等，虽然这类绿色项目都具有公益性强、投资期限长、投资利润较低的特点，但其现金流相对稳定，加之政府的参与，整体风险较低。相信随着探索的深入，会有更多样更具创新性的 PPP 绿色项目基金形式被开发出来。

第四节　绿色保险的发展

一、绿色保险的内涵

绿色保险又被称为“环境责任保险”，其在各个国家的具体的名称有所不同，如英国称之为“环境损害责任保险”和“属地清除责任保险”，美国称之为“污染法律责任保险”。

环境污染责任保险是随着责任保险应用于环境事故领域而产生的一个创新性险种，一般认为绿色保险是以被保险人因玷污或污染水、土地或空气，依法应承担的赔偿责任作为保险对象的保险。当然，这种玷污和污染是有严格限制的。保险公司只对突然的、意外的污染事故承担保险责任。而将故意的、恶意的污染视为除外责任。责任保险属于广义的财产保险范畴，指被保险人依法将应该承担的民事损害赔偿风险转移给保险人的一类保险。责任保险可分为公众责任保险、雇主责任保险、职业责任保险、产品责任保险等类型。绿色保险由公众责任保险发展而来。

绿色保险起源于20世纪80年代的美国。20世纪70年代以来，环保浪潮席卷西方国家，环境责任理论随着公民环境权理论的建立获得了极大的发展，环境污染责任保险也随之繁荣起来。环境污染责任保险的内容涉及环境权的各项权能，如清洁空气权、安居权、清洁水权等。

最早为国际保险业所承认的污染责任承担形式是美国的环境改造保险单，它所列的保险金额巨大，基本责任包括了人身伤害或死亡、财产损失、环境破坏损失及清理费用等。

目前，环境污染责任保险领域出现了大规模的跨国立法趋势，如《国际油污损害民事责任公约》第七条规定：载运2000吨以上散装货油的船舶所有人，必须进行保险或取得其他财务保证，以便承担其对油污损害应负的责任。《核能领域第三者责任公约》第十条规定：核设施的经营者应当按照主管机关规定的数额和类型，建立并保持保险或者其他财务保证，以便承担相关责任。

可以说，西方发达国家的环境污染责任保险制度和业务已经进入较成熟阶段，成为各国通过社会化途径和市场手段解决环境损害赔偿问题的主要方式之一，它的建立与发展对于推动各国的环境保护工作将持续发挥重要作用。

由于环境损害原因的复杂性和承担责任的特殊性，再加上各国不同的国情，环境污染责任保险制度也呈现出不同的模式。

(一)美国和瑞典的强制保险模式

美国将绿色保险作为工程保险的一部分,无论是承包商、分包商还是咨询设计商,如涉及该险种而没有投保的,都不能取得工程合同,其强调对污染的预防。

(二)法国和英国的自愿与强制保险模式

法国采取渐进方式,以自愿保险为主、强制保险为辅。承保范围不限于偶然性、突发性的环境损害事故,开始承保因单独、反复性或继续性事故所引起的环境损害。

(三)德国兼用强制保险与财务保证或担保相结合的模式

在德国,如果经营者未能遵守提供保险等财务保证的规定,或者未向主管机关提供其已经做出保险等财务保证的证明材料,主管机关可以全部或部分禁止该设施的运行。

二、绿色保险可行性研究

我国是世界上受污染最严重的国家之一,绿色保险通过解决环境纠纷、分散风险、为环境侵权人提供风险监控等为环境保护提供服务。在我国开展绿色保险具有重要意义,发达国家的实践提供了有益借鉴,我国要因地制宜、适度发展绿色保险。

20 世纪 60 年代以前,环境风险还不突出,环境责任案件较少,因此绿色保险并未将环境责任损害赔偿列为除外责任,即绿色保险保单承保污染风险。到 1973 年,几乎所有的绿色保险保单都将故意造成的环境污染和逐渐性的污染引起的环境责任排除在保险责任范围之外。绿色保险保单有两个附加的污染责任保险条款:一个为指定地点有限污染责任条款,承保污染事故引起的身体伤害和财产损失责任,一般仅限于被保险人污染环境而造成的突然发生的损害事故;另一个为指定地点污染责任条款,除了承保身体伤害和财产损失外,还承担清除被保险人处所内污染所产生的费用。目前的绿色保险主要分为两类:环境损害责任保险和自有场地治理责任保险。

(一)绿色保险的特点

1. 承保条件严格,承保责任范围受到限制

环境污染责任通常具有广泛性和不确定性,赔付额高,有时需要巨额资金。商业保险人为保障自身利益,保证财务平衡,往往对承保责任和范围作出严格规定。譬如上面提到的"指定地点污染责任条款"的除外责任就有 10 项。在美国的公众责任保单和欧洲的第三者责任保单中,都含有突然和意外条款,任何不属于突然和意外发生

的污染，均属于除外责任。譬如由于废液、废气、废渣等的排放和处理，空气、水、土壤等的污染所致的人身或财产损害，都不属于保险责任范围。由于法庭对突然和意外的解释过于宽泛，保险人甚至感到应将CGL保单中的污染风险全部列入除外责任的范畴。

2. 个别确定保险费率

绿色保险的特殊之处在于赔偿责任大，对保险的技术要求高，而被保险人状况千差万别，因此保险人要对每一承保标的进行实地调查和评估，单独确定保险费率以降低风险，每一份保险合同的内容均具有特定性。

3. 经营风险较大，需要政府支持

从西方国家的实践看，污染的责任问题复杂，绿色保险人承担的赔付金额过大，承保范围较窄，经营风险大大高于其他商业保险。如果要发展绿色保险，借此形成多元化的环保力量，需要政府的大力支持。如税收优惠、由政府强制实施某些类别的绿色保险等。

（二）开展绿色保险的意义

1. 有助于经济和环境的“双赢”

环境污染责任保险是国际上普遍采用的制度，它是企业就可能发生的环境事故风险在保险公司投保，由保险公司对污染受害者进行赔偿。利用费率杠杆机制促使企业加强环境风险管理，提升环境管理水平。2007年生态环境部和我国银保监会联合发布《关于环境污染责任保险的指导意见》，正式确立建立环境污染责任保险制度的路线图。环境保险的收费与企业污染程度属正比。保险公司对被保险人的环境风险进行预防和控制，这种市场机制的监督作用将迫使企业降低污染程度。企业参加了环境污染责任保险，一旦事故发生，由保险公司及时给被害者提供赔偿，企业避免了破产，政府又减轻了财政负担，这符合三方的共同利益。国际经验证明，一个成熟的绿色保险制度，是一项经济和环境“双赢”的制度，也是一个能更大范围调动市场力量加强环境监管的手段。

2. 增加治理环境污染的参与主体

目前我国的环境污染已经相当严重，是世界上受污染最严重的国家之一。环境污染给国民经济造成了巨大损失，联合国《2002年我国人类发展报告》指出，环境问题使我国损失GDP的3.5%～8%。环境污染已经直接影响广大人民的生命健康，与环境污染有关的疾病在许多地区明显增加，SARS的流行更是给我们敲响了环保的警钟。面对愈发严重的环境污染，环境保护绝非单纯是政府和环保部门的事情，需要全社会的参与，绿色保险通过解决环境纠纷、分散风险、为环境侵权人提供风险监控等为环境保护提供服务。

3. 转移风险，降低企业经营负担，减少政府环境压力

环境污染具有受害地区广阔、受害人数众多、赔偿数额巨大的特点，污染企业一般无法全部承担造成的损失，即使企业能够全部承担，也会因赔偿数额巨大而影响企业的正常经营和发展。如果企业投保绿色保险，可用少量的确定性的支出(保费)减少未来的不确定性，保证生产、经营持续稳定进行，从而避免了侵权人因赔偿负担过重甚至破产而影响经济社会的发展。与此同时，保险人为了降低赔付率，一定会请专业人士对投保人的污染风险进行控制和管理。可以通过等级划分、费率浮动等措施督促投保人做好防灾防损工作，从而减少污染事故的发生。投保企业也因此获得了间接的风险控制能力。在规范与间接激励的双重作用下，投保企业有能力将污染事故的发生概率降到最低。另外，在许多环境污染事件中，政府担任了最后责任人的角色。发展绿色保险通过风险分摊，也可以减轻政府的环境负担，使被破坏了的生产条件和生活环境能够及时得到重建和修复。

4. 降低环境纠纷的交易成本，有效维护公众的环境权益

近几年来，我国的环境纠纷呈逐年递增的趋势。在众多环境纠纷中，由于侵权人的赔偿能力不足，再加上高昂的诉讼费用和旷日持久的诉讼过程，使许多受害人实际上得不到赔偿。在我国，污染受害者有许多都是弱势群体，面对高昂的诉讼费用只能望而却步，难以得到公正赔偿，在得不到公正赔偿时有些人会采取极端做法，影响社会安定。开办绿色保险，由保险人承担被保险人的经济赔偿责任，则能够降低环境纠纷的交易成本，及时对受害人进行赔付，有效保障公民的环境权益。

5. 转移西部大开发的环境污染风险责任

西部大开发是在西部环境承载力相当弱的情况下进行的，必须走可持续发展的道路，不能以污染环境作为代价。在西部大开发的过程中，尤其是在能源开发中，环境污染的风险无处不在。因此不应该让开发西部有限的资金来承担环境污染的风险责任，而应该将风险转嫁出去，在坚持污染者付费的原则下，要求投资者投保绿色保险，以较小的代价来获得未来可能遇到的损失赔偿的分摊权。

三、美国的绿色保险及其法律背景

在美国，最早的环境保险是1977年出现的环境损害责任保险(EIL)，而环境保险市场是在其后10年才得以全面发展的。美国环境立法的推进和完善是其主要的发

展动力。

环境保险一词既包括第一方(财产)保险又包括第三方(责任)保险,目的都是为了管理与污染有关的风险。其中,第三方责任保险产品主要有:特定场所环境损害责任(EIL)保险,一般也称污染责任保险。承保被保险人特定场所污染物突发外溢事故所引起的第三者法定赔偿责任,包括身体伤害、财产损失、清污费用和抗辩费用;承包商环境损害责任保险,承保承包商在项目工地进行特定工程作业和活动时,因意外污染事故所引起的完工工程责任和合同责任;另外还有专业环境风险错误和遗漏保单以及石棉和铅去除工程承包商普通责任保单等。

而属于第一方财产保险的环境保险产品主要有:环境恢复保单,主要满足贷款金融机构在贷款人无法偿还贷款而在抵押财产上又产生了环境污染清理费用时的投保需求;恢复费用止损保单,这种保险有助于受污财产的交易,防止买卖双方在交易时因对清污费用估计存在过大误差而导致交易失败。而环境污染综合保单满足了被保险人对污染事故损害补偿的不同要求,在承保范围和成本方面享有一定的优势,并且最大程度地避免了承保责任范围的"灰色地段"纠纷。

美国丰富的环境保险产品和活跃的环境保险市场得益于美国全面的环境立法。美国环境立法的里程碑是1969年通过的《全国环境政策法》(NEPA)。此后,类似的环保法律就层出不穷。随着环保活动愈演愈烈,美国政府出台了更为大胆和复杂的环保法律。而对环境风险管理和环境保险发展意义重大的法律,当属1976年的《资源保护和赔偿法》(RCRA)和1980年的《广泛环境反应、赔偿和责任法》。

《资源保护和赔偿法》是美国环境署对有害物质"从摇篮到坟墓"进行全程监管的法律依据。该法对废物从生产到被废弃的整个过程实行跟踪,确保废物最终不会被乱丢乱弃。RCRA是第一部要求有害物质加工、存储和处理等经营活动的许可证持有者须提供经济赔偿能力证明的环境法律之一。根据这些规定,上述企业的经营者、所有者必须提供证据来证明对于经营过程所导致的环境损害,企业有经济能力进行物质清污,并赔偿受害者的身体伤害以及财产损失,企业须保持有效证明30年。有害物质经营许可证持有者可以有以下几种方式提供所需证明,包括保险单上的特别批注、履约保证、信用证、由第三者保存的现金、自保身份或者管理者可以接受的任何其他证明。而一般企业则会选择投保环境责任保险。

《广泛环境反应、补偿和责任法》(CERCLA,一般称为Superfund,即超级基金)旨在解决被弃或无人照管废物丢弃场所的废物问题,主要包括一些老旧垃圾场引起的环境损害。CERCLA立法遵循谁污染谁负担的基本原则。对于属于超级基金清理范围的垃圾场,先确定潜在责任人,这些人或组织负责承担这些垃圾场的清污费用,直到依法确定了真正的责任人。潜在责任人可能包括垃圾场目前和以往的所有者、经营者和承租人;垃圾场废弃物质的产生者、运输者以及任何安排废弃物丢弃的有关人员。此外,母公司可能难逃其咎,公司的继承人以及公司经理以及控股的股东都有可能以个人名义承担责任,甚至破产者在 CERCLA 下都有可能承担责任。

CERCLA 实行"可追溯的、严格的和连带多方"责任。在确定法定责任时,超级基金不考虑污染方在废物处理过程中的实际注意程度。另外,如果损害是不可分的(一般是这样),任何一个潜在责任方则可能对于全部赔偿数额完全负责,而不管其个别责任实际有多大。

RCRA 关于经济赔偿能力证明的要求和 CERCLA 关于清污费用赔偿的规定,涉及面很广,在美国经济各个层面产生了大量的、复杂的责任风险。环境保险的市场需求的增加,刺激了更多的保险人进入该市场。国成立了污染责任保险承保联合体——污染责任保险协会。CERCLA 导致数不清的潜在责任人凭几十年前购买的 CGL 发生式保单向其保险公司索赔,加之污染责任保险承保技术不甚成熟和投保人数量不足,在 20 世纪 80 年代美国环境保险市场曾几近崩溃。但是美国 ISO1986 年版 CGL 标准保单"绝对污染除外责任"的制定大大扭转了市场条件。该除外责任规定,无论污染损失是意外发生还是渐进发生,本保险对于污染物排放所引起的任何身体伤害和财产损失责任均不予赔偿。这一条绝对污染除外责任导致了市场对环境损害责任保险的需求。另外,ISO 还开发了索赔提出式保单,克服了发生式保单的"长尾性",有力地保护了保险人。

在上述市场变革的形势下,加之 20 世纪 90 年代后,美国环境立法有序进行、损失数据逐渐完善、环境保险承保技术的进步以及防损和索赔管理技术的进步,环境损害责任保险市场蓬勃发展。另外,美国《萨尔班斯一奥克斯利法》的出台,强调了企业环境责任的评价和信息披露。为了满足这方面的要求,企业只有寻求更多的保险保护。环境保险除了被企业用于完成合规义务外,还具有更多的附加价值。当今社会强调企业社会责任和可持续发展,道琼斯"可持续性指数"的出台,说明投资者在投资决策中,将综合考虑"经济、环境和社会"三条标准。购买环境保险无疑能够显示出企业管理的创新能力和较强的可持续性,极大增强投资者的信心。目前,美国保险市场上各类环境保险可以为企业提供所需的经济赔偿能力证明,并可以为大部分与超级基金有关的未来风险提供融资保障。

国内某内资保险公司首次推出场所污染责任保险,生态环境部和我国银保监会联合发布的《关于环境污染责任保险的指导意见》，标志着我国环境保险制度的建设已经被启动。笔者认为，我国环境责任保险的健康发展，取决于环保立法的完善和细化、环境科学技术的进步和保险市场承保能力的增强。而立法的完善和细化是关键的关键。从美国经验可以看出，如果没有相应的环境立法，或者环境立法对于污染者的责任规定过轻、过松，不会对环境责任保险产生有效需求。

(二)我国的发展现状

早在20世纪90年代初期，我国部分城市就开展了环境污染责任保险的业务。但是，环境污染责任保险在我国开展的范围不大，仅限于少数几个城市，并且在这些城市中的保险规模也不大，只有几个或十几个企业投保，且投保呈下降趋势。有的城市因无企业投保，此业务目前已处于停顿状态。其原因包括：对于保险公司来说，污染事故损失没法测算，投保风险和责任又特别大，所以积极性不高；而对于企业来说，由于现行法律法规中缺少关于污染赔偿责任的法律规定，一些排污企业就算造成污染环境的损失，也很少承担损害赔偿责任，事后主要还是由政府买单，因而企业也不会有动力去积极投保。

我国《金融业发展和改革"十一五"规划》提出，要大力发展保障型产品，稳步发展投资型产品，探索发展衍生型产品。重点发展农业保险、责任保险和商业养老保险，完善强制责任保险制度，探索保险机构参与新型农村合作医疗制度的有效方式。大力拓展高科技、项目融资、消费信贷、出口信用和货物运输等领域的财产保险业务，探索建立国家政策支持的巨灾保险体系。发展和规范各类保险中介服务。这将成为保险业发展的良好契机，在与环境相关的保险产品开放上，探索与气象相关的保险体系。

目前，我国绿色保险的进展并不顺利。有的城市无企业投保，处于停顿状态；有的城市只有几个或十几个企业投保，且投保呈下降趋势。究其原因，整个环保领域还没建立起完整的绿色保险制度，也没有专门立法，目前还存在着很多问题：①任意责任制度。企业投保的意愿还不强，这就导致保险公司承保也有一定的难度，承担环境污染保险的赔偿金额很大，承保的范围又比较窄，风险明显高于其他商业保险；②赔付率过低，保费过高。中小企业对保费比较敏感，对污染事故的发生抱有侥幸心理，而大型的化工企业由于自身的财力而不愿意投保；③环保法规不够健全，执法不严格，对企业形不成压力，同时也存在地方保护现象。

四、发展绿色保险的政策建议

(一)健全保险法规,加强监管体制

绿色保险的发展依赖于环保法律的健全和监督管理体制的完善。责任是一种法律的创造,绿色保险的发展归根结底取决于法律的健全与执行的力度。西方国家的实践证明了这一点。

从总体上看,我国的环保法律法规不够健全,尤其缺少污染赔偿方面的法律规定,再加上执法不严,对排污者客观上形不成压力。据权威部门估算,我国由于环境污染造成的直接经济损失每年数以千亿元计,而赔偿数额却少得可怜。在执法过程中污染赔偿的责任绝大部分往往由国家和社会承担,企业压力不够大,缺乏参加绿色保险的动力。另外,我国现有的环境纠纷解决途径主要是民事诉讼和行政调解,污染受害者不仅需要承担高昂的诉讼费和律师费,而且在索赔过程中困难重重。因为排污企业多是当地的利税大户,或明或暗地受当地政府的保护,污染者缺乏参加保险的风险意识。随着环保法律法规的完善,绿色保险有很大的发展潜力。

(二)险种设计中要避免道德风险和逆选择

环境污染一旦发生,其赔偿数额往往比较巨大,且责任认定较为复杂,因此要尽可能防止被保险人道德风险和逆选择的发生。由于不同企业造成的污染损失额有很大的差异,因此在厘定保险费率时,要运用科学的方法对风险进行评估,可以按照不同行业制定不同的保险费率,以避免逆选择的发生。但凡事贵在掌握合适的度。我国目前的污染责任保险费率较高,污染责任保险费率是按行业划分的,最低费率为2.2%,最高为8%,较其他险种只有千分之几的费率相比,要高出好几倍。如此高的费率,赔付率又低,企业根本就没有投保的积极性。企业投保绿色保险后,要制定相应的条款限制或降低被保险人的不诚实或欺诈行为。如限制保险责任范围、明确除外责任、对被保险人的不诚实行为给予严厉经济制裁等,以降低道德风险。在保险实务中,保险人承保时要对投保企业进行检查,严格估算企业的风险程度,要求被保险人提供对确定损失概率及损失数额有意义的补充资料;保险人还要对被保险人的防灾防损设备和措施提出建议。在合同有效期内,要监督企业的生产活动,提出避免发生环境污染事故的措施。在发生保险事故时应明确企业的责任程度,按照污染的种类和造成污染的原因确定不同的赔偿数额,视其违背保险人提出的防污染措施的情况并决定制裁的措施。

(三)因地制宜确定保险责任范围与除外责任

美国的环境责任保险单的责任范围也是严格限定的。其标准责任保单把与有害废弃物清理有关的费用排除在承保责任之外,在 20 世纪 80 年代中期以前,这项除外责任条款的规定并不明确,在各州的法庭上发生过激烈的辩论,大多数人站在保险人一边。对于一家涉及生产或实用技术的公司来说,环境污染的清除成本和对受害方的补偿费用可能是个天文数字。事实证明,美国所有的财产意外伤害保险公司的资本约为 2300 亿美元,而清除环境污染的估计费用为 1000 亿~10000 亿美元。这种财产损失责任还会因为集团诉讼而加重。即使保险只支付了全球范围内现有的污染的预计清理费用的 1/5,这也足以使整个保险业破产。因此,发展绿色保险要适度。

我国绿色保险正处在起步阶段,有关的法律法规不健全,编制适宜的保险合同条款有相当的难度,因此保险人要严格限制责任范围,对于被保险人的非正常生产活动、违反规范的行为以及故意行为所引起的赔偿责任、预防性费用等都可列为除外责任。我国有些学者主张应该扩大绿色保险的责任范围,但笔者认为,从目前我国的污染现状、保险业的发展水平和发达国家的实践来看,绿色保险的责任范围还是不能扩大,与其涉及许多险种在出险后无力赔偿,倒不如在能力所及的范围内为保护环境切实发挥点作用更为实际。当然,也不可走入另外一个极端。责任范围过窄,对投保企业的环境风险转移得太少,企业就没有积极性投保绿色保险。国外保险业的赔付率为 70%~80%。赔付率过低的主要原因就是保险责任范围过窄,我国目前都只把突发性污染事故造成的民事赔偿责任作为保险标的。事实上,由于污染而造成民事赔偿的不仅仅限于突发性污染事故,还有逐渐性污染事故,污染物累积到一定程度,同样会对第三人造成人身或财产损害,且后者出现的频率和损失额要比前者大得多。

(四)宜采用政府强制与政府引导相结合的发展模式

从目前发达国家的绿色保险的模式来看,主要有强制性保险和非强制性保险。美国和瑞典是强制性责任保险的代表,法国以自愿绿色保险为主,强制性责任保险为辅,德国则实行强制性保险与财务保证或担保相结合的制度。从发展趋势上看,许多国家有加强强制性责任保险的趋势。目前我国在一些行业已推行强制责任保险,但绿色保险大多还属于自愿性保险,大多数企业因抱着侥幸心理没有参加该保险,使无辜受害人得不到公平赔偿的现象普遍存在。基于我国环境问题的现状,可以借鉴其他国家的模式,实行政府强制与政府引导相结合的制度。在产生环境污染和危害最严重的行业实行强制责任保险,如石油、化工、印染、采矿、水泥、造纸、皮革、火力发电、煤气、核燃料生产、有毒危险废弃物的处理等行业。而在其他污染相对较轻的行业，政府则给予积极引导，仿效日本提出一些有益的“行政建议”，利用政府的威信使企业自愿购买绿色保险。

(五)加强保险品种创新

我国可以借鉴国际经验在保险产品创新上进行风险转移方式创新和保险衍生产品创新。

另外，我国保险业应加大与其他金融机构的合作，探讨开发碳金融和环境金融的各种金融衍生产品，从而可以通过各种集资、交易实现资产风险对冲，保值增值。如保险连带证券架通了保险市场与资本市场的桥梁，创造更广阔的固定收益证券组合。

(六)开展绿色保险再保险配套立法

我国幅员辽阔，环保水平参差不齐，环境污染侵权损害一旦发生，其损害程度可能是非常巨大的，如果保险人的负担能力不够高，甚至可能会因为一个案件的理赔而破产。因此，由一家或几家保险公司单独承保是不现实的，建议根据保险事故的不同选择不同的机构的同时，将来的相关立法必须采用必要的制度设计，引入环境责任保险再保险，尽量提高保险人的风险负担能力，以促进和引导绿色保险制度在我国的实践。

环境责任保险再保险至少具有如下功能：

第一，环境责任再保险能实现特定区域内的风险有效分散。

第二，环境责任再保险能对特定期间的风险进行彻底分散。污染责任保险的保险人可以通过再保险将其所承担的特定时间段内的风险从时间和标的数量两个方面进行双重分散。

第三，环境责任再保险能够促进保险业务，满足保险经营所追求的平均法则，以此提高保险经营的财政稳定性。

第四，环境责任再保险有助于通过相互分保来扩大风险分散面。其特点是保险人既能将过分巨大或集中的风险责任的一部分转移出去，同时又能对其他保险人的业务予以分入。

因此，某一特定的保险人所承担的总的保险责任虽然不变，但却实现了风险单位的大量化和风险责任的平均化，因而风险得到了最佳分散，财务稳定性得到明显提高。

第五节　碳金融的发展

要了解碳金融，就需要了解碳金融所存在的市场：碳金融市场即金融化的碳市场，也就是金融化的碳排放权交易市场。碳金融则是基于碳金融市场所进行的各种与碳排放相关的金融类产品和服务。

一、碳金融概述

碳金融指的是服务旨在减少温室气体排放的各种金融交易活动和各种金融制度安排，通俗理解就是将碳排放进行量化管理，并将其当作有价格的商品进行交易的活动。碳金融兴起于国际上对气候变化的关注而制定的有关气候的相关政策，主要是三大公约：《联合国气候变化框架公约》《京都议定书》和《巴黎协定》。

(一)《联合国气候变化框架公约》

《联合国气候变化框架公约》(以下简称《公约》)是在 1992 年 6 月的联合国环境与发展大会上由 150 多个国家协同签署制定的，最终目标是将地球大气之中的温室气体浓度稳定在不对地球环境和气候系统造成危害的水平。《公约》奠定了国际合作过程中应对气候变化的法律基础，是具有全面性和权威性的国际框架，为各国控制温室气体奠定了根基。

(二)《京都议定书》

《京都议定书》(以下简称《议定书》)是 1997 年召开第三次《公约》缔约大会时，为了全人类免受气候变暖威胁，由 149 个国家和地区的代表共同议定，旨在限制发达国家气体排放量，以抑制全球变暖。我国在 1998 年签署了《京都议定书》，并于 2002 年核准了《议定书》，欧盟及成员国则在 2002 年正式批准了《京都议定书》。

《京都议定书》建立了三个灵活的合作机制来促成减排温室气体，包括国际排放贸易机制(IET)、清洁发展机制(CDM)和联合履行机制(JI)，其中清洁发展机制允许工业化国家的投资者在发展中国家实施有利于其可持续发展的减排项目。

2005 年，《京都议定书》正式生效，这是人类历史上第一次以法规的形式限制温室气体排放。为了促进各个国家能够完成减排目标，《议定书》协定了四种减排方式：一是两个发达国家间可以进行排放额度买卖，如难以完成削减任务的国家可以花钱从超额完成任务的国家买进超出的排放额度；二是以净排放量计算温室气体的排放量，也就是从实际排放量中扣除本国森林吸收的二氧化碳数量；三是采用绿色开发机制，运用科技手段来促进发达国家和发展中国家共同减排；四是运用集团合作方式促成减排，如欧盟内部多个国家可以视为一个整体，在欧盟内部可以采取有些国家削减排放、有些国家增加排放的方式来均衡彼此排放，以集团的形式完成减排任务。

根据《京都议定书》中的规定，我国属于发展中国家，因此在2012年之前不需要承担温室气体的减排任务，2012年之后则需要承担一定的碳排放责任。2012年之前，我国境内所有减少的温室气体排放量都可以依据CDM机制转化为有价商品并向发达国家出售。虽然我国在2012年前并不需要承担减排义务，但在“十一五”规划中，我国就已明确提出要不断减少单位GDP能源消耗量和污染物排放总量，正是这样的规划促成了节能减排技术的发展，这些技术则逐渐被转化为CDM项目。

（三）《巴黎协定》

《巴黎协定》是2015年由全球196个国家和地区共同签署的应对气候变化的协定，于2016年11月4日正式生效。协定之中确定了全球应对气候变化的长期目标，即到21世纪末全球平均气温上升幅度控制在2℃以内，并将全球气温上升控制在工业化时期水平之上1.5℃以内；全球各国需要尽快实现温室气体排放达到峰值，并在21世纪下半叶实现温室气体净零排放（也称碳中和，即碳排放与树木固碳的碳汇量平衡，人类的社会活动不再向大气排放更多的温室气体，以便稳定大气之中温室气体的浓度，阻止全球气候进一步变暖）。

二、碳金融交易类型及市场设计原则

（一）碳金融交易类型

我国对碳金融的界定有两个层次，广义的碳金融指的是限制碳排放量的所有金融活动，包括碳排放权配额交易，以及碳排放权相关的金融衍生品交易，还包括基于碳减排的融投资活动和中介服务等；狭义的碳金融则主要指的是企业之间根据政府分配的碳排放权进行交易时导致的一系列金融活动。

广义上的碳金融交易类型有两大类，一类是以项目为基础的碳金融交易市场，前面提到的CDM项目就是其中一种主要交易形式，还有一种交易形式是JI项目。另一类是以配额为基础的碳金融交易市场，其中一种交易形式是强制性碳交易市场建立的碳排放权交易体系（ETS），另一种交易形式是自然性碳交易市场，是一些国家或组织资源确定了减排体系，并未得到《京都议定书》的认可，但同样能够为减排做出巨大贡献，如芝加哥的气候交易所（CCX）。

这里主要分析的是强制性碳交易市场的ETS。一方面，其是国际认可的减排交易体系；另一方面，随着碳金融的发展，ETS也在不断完善和成熟。根据ETS所覆盖的不同地理管辖范围，碳金融市场可以分为国际市场、全国市场和区域市场三大类。其中，《京都议定书》各种机制下的碳金融市场就是典型的国际市场，覆盖了全球近二百个国家和地区，比较有代表性的就是覆盖欧盟二十五国、规模最大且最规范也最成熟的欧盟碳排放交易体系（EUETS）；

不同国家所建立的不同碳交易体系就属于国家层面的碳金融市场；最后一类则是建立在不同国家不同地区的碳金融市场，如我国七省市碳交易试点、覆盖美国十二个州的美国区域温室气体减排行动（RGGI）、澳大利亚新南威尔士州温室气体减排体系（NSWGGAS）等，都属于典型的区域市场。

（二）碳交易市场设计原则

碳交易市场建立的最终目的是促成全球温室气体减排，其遵循四项基本原则。首先是合理原则，主要包括减排目标设定的合理性以及交易定价的合理性。减排并非一蹴而就的，需要针对现实情况一步步引导和加强，若目标和定价不合理，则会直接损害企业减排的积极性和参与度，因此目标和定价都需要经过实践的检验和科学的评估，以确保能够引导企业提高参与度。其次是公正原则，这是市场体系良好运行的基础。在碳配额发放、碳信用认证、履行结果核定等过程中都需要经历一系列程序，因此需要建立独立的第三方审核，以确保公平公正，保证各方利益不会受损。再次是效率原则。碳交易市场的建立目的是通过碳排放权的市场交易实现企业减排成本最小化，所以从市场角度看，碳金融市场必须具备市场效率，避免行政干预，这样才能成为自由化、高效率的碳市场。最后是惩治原则，这是碳市场体系的最终保障。碳交易目的是督促企业实现有效减排，若没有严厉的惩治措施，则无法有效约束企业的行为，无法实现减排的初衷。

三、碳金融产品和服务

碳金融产品和服务是依托碳排放权配额以及项目减排量标准开发出来的各种碳金融工具。其根据功能的不同可以分为三大类：一是交易工具，包括碳排放权配额、项目减排量、碳期货、碳远期、碳期权、碳掉期、碳资产证券化和指数化的碳交易产品等。碳交易工具可以帮助参与者更有效地管理碳资产，提高碳市场的流动性，能够提供多样交易形式并应对未来价格波动风险等。二是融资工具，包括碳资产回购、碳资产租赁、碳资产质押、碳资产托管和碳债券等。碳融资工具能够帮助参与者拓宽融资渠道，为碳资产创造估值和变现途径。三是支持工具，包括碳保险和碳指数等。碳支持工具能够帮助各方了解碳市场趋势，并为企业管理碳资产提供风险管理工具和市场增信手段。

(一)碳交易工具

碳交易工具是基于碳市场最基础的交易产品现货而开发出的金融工具。碳市场的基础交易产品主要分为两类：一类是基于ETS机制下的减排指标，如欧盟体系中的减排指标分为欧盟碳配额(EUA)和欧盟航空碳配额(EUAA)；另一类是基于项目机制下开发的工具，如针对发达国家和发展中国家之间的CDM机制下的核证减排量(CER)，以及针对发达国家和发达国家之间的JI机制下的减排量(ERU)。基于以上两类基础交易产品开发出的金融化交易工具主要有远期、期权、每日期货、期货、拍卖、拍卖期货、序列期权、互换、价差等各种碳金融产品。比如，针对EUA有披露价格和数量的期货，以及拍卖和拍卖期货等产品。

碳远期交易就是双方约定在未来某个确定的时间，以某一个确定的价格购买或出售一定数量的碳额度，以规避现货交易的风险。目前，有限排和减排需求的国家多数都参加了CDM远期项目，如我国参与的CDM项目多数都签订了CER远期合约。

碳期货交易属于标准化的融资工具，原理是套期保值，购买者需要在碳期货市场进行与碳现货市场相反的买卖操作来达到目的，双方需要事先确定交易时间、交易数量、交易价格等，以便规避碳市场的风险。通常采用这种交易形式的是碳配额排放单位的交易。

碳期权交易和传统的期权交易不同，属于碳期货基础上产生的一种衍生交易工具，即碳期货期权交易。碳期权交易的价格通常和碳期货的价格息息相关，两者相互影响。全球首支碳期权是2005年EXC推出的EUA期权，可以满足全球金融市场动荡产生的避险需求。

(二)碳融资工具

欧盟碳市场中比较具有代表性的碳融资工具有三类：一类是碳债券，也被称为绿色债券，针对不同的项目方向可以开发出不同的碳债券，如环境债券、气候债券、可再生能源债券等；一类是碳基金，其既是一种融资工具又是一种依托该工具形成的管理机构；一类是碳结构化产品，主要形式是银行购买碳信用，以此确保银行的交易平台能够提供可交易的产品，满足企业的合规要求。

(三)碳支持工具

碳支持工具的主要形式有两类：一类是碳指数，其可以反映碳市场的价格信息和供求情况，可以为投资者提供投资参考，以便投资者了解碳市场动态。EEX 现货市场的 ECarbix 碳指数就是依托一级现货市场和二级现货市场的加权交易量权重，每日以及每月底会分别公布碳现货交易量和交易价格，以为企业提供数据参考。另一类是碳保险，其依托碳金融市场的发展而诞生，目的是为碳金融项目提供保险，以转接投资风险。

四、我国碳金融的发展和意义

（一）我国碳金融市场的发展

我国作为世界上最大的发展中国家，工业化和城镇化进程使二氧化碳排放量高居世界前列，因此早在《联合国气候变化框架公约》签署时，我国就主动响应了关于温室气体减排的呼声，并一直在积极付诸行动。作为发展迅速的发展中国家，我国的碳金融市场还处于起步阶段，却占据了 CDM 市场份额的一半，具有非常大的市场潜力。

为了挖掘我国碳金融市场的潜力，出台了《清洁发展机制项目运行管理暂行办法》，为 CDM 项目的发展指明了路径和方向；国家发展改革委、外交部、科技部、财政部联合发布了《清洁发展机制项目运行管理办法》，针对 CDM 项目的开发、申报、审批、管理制定了对应的成熟程序和要求，推动了 CDM 项目的快速实施和发展；政府指定国家发展改革委下属的国家气候变化对策协调小组（DNA）为我国碳金融市场的主管机构；全国碳排放交易体系正式启动，到 2020 年我国的全国碳排放交易体系已累计完成 4.06 亿吨二氧化碳当量的碳配额交易。

第七十五届联合国大会上，表示为了契合全球绿色低碳转型的大方向和完成《巴黎协定》的目标，我国将提高国家自主贡献力度，采取更加有力的政策和措施，二氧化碳排放力争于 2030 年前达到峰值，努力争取在 2060 年前实现碳中和。

（二）我国碳金融市场的发展意义

以上背景令我国碳金融市场的发展意义更加重大，主要体现在以下六个方面：

第一，我国碳金融市场的发展推动了低碳经济的发展和节能减排政策的实施。强制性碳排放指标的政策出现使我国经济开始向低碳经济和实现节能减排的方向发展，碳金融市场在这样的大背景下不断完善，引导资本向低碳领域靠拢，最终促进低能耗、低排放、低污染的绿色经济发展。

第二，虽然在 2012 年之前我国不需要承担温室气体减排的任务，但不代表我国不能通过温室气体减排的发展模式推动经济。从 2007 年开始，全球碳市场发展极为迅猛，碳金融产品和服务不断被开发出来，碳市场成了新的经济增长点，而我国以

CDM项目的发展为主要推动方向，CDM项目又通常需要国际合作，因此我国的金融机构能够借助此机会和国际金融机构展开交流和合作，从而借鉴国外较为成熟的碳交易市场的各种金融机制来完善自身的碳金融机制。

第三，对推动我国经济转型和产业升级有促进作用。自改革开放以来，我国经济实现了巨大的突破和发展，虽然成绩显著，但也集中暴露了工业化进程所带来的环境经济问题，整个世界的经济发展态势都在向绿色经济和循环经济靠拢，这同样是我国经济的发展方向。碳金融市场的完善和发展，不仅对温室气体减排有积极的推动作用，也会推动经济结构调整、能效改进等，从而推动经济向低碳化发展。我国正处于工业化、城镇化迅猛发展期，作为最大的发展中国家，其每年的煤炭消耗量能够占据所有能源消耗量的七成以上。碳金融市场的发展，不仅会给我国带来巨大的经济效益，还会促进我国改变以火力发电为主的能耗形式，促进新能源和可再生能源的开发。

第四，碳金融市场的发展能够缓解我国的国际政治压力。进入21世纪后，我国工业化进程明显加速，国际上要求我国在全球气候变化问题上承担更多责任的呼声越来越高涨。碳金融市场的发展推动了我国建立碳排放交易体系，并于2017年正式开启实施，同时会推动监测报告机制的完善。另外，碳金融市场发展还会促使我国建立完善的碳金融组织体系和产品、服务体系。为了应对国际政治压力，我国必须通过碳金融市场体系与国际碳金融体系接轨，最终把控主动。

第五，随着《京都议定书》的诞生，全球各国开始逐渐形成以地域为主形态的碳交易体系，如欧盟碳交易体系、北美碳交易体系、澳大利亚温室气体减排体系等，这些交易体系的形成对全球碳交易市场有重要的影响，但同时因为不同地域的不同特性和发展模式，不同的碳交易体系在规则、交易平台等方面无法实现统一，无法建立较为公平公正的交易环境。随着碳金融市场的完善和全球气候的快速变化，碳市场的竞争会日益激烈，全球统一的碳金融市场必然会在未来逐步形成。在这样的背景下，各个国家都开始关注碳市场会以何种货币结算、会以何种价格交易、会采用何种规则调整产业和经济体系。我国作为发展中国家，必须建立完善的碳排放交易市场，以便在全球碳交易市场中获得话语权和竞争力。

第六，前面提到世界各国都在关注碳金融市场会以何种货币进行结算，碳交易权的计价结算和货币的绑定机制使发达国家拥有了强大的定价能力，这无疑是碳交易市场关键的竞争点。各个国家的货币都期望争夺碳交易的主导货币地位，我国同样需要通过碳金融市场的布局和发展促使人民币成为国际货币，并在新能源领域争取定价权。

第四章　绿色金融与可持续发展准则

第一节　金融市场、标准体系准则

一、绿色金融市场、标准体系不健全

绿色金融是为适应我国绿色经济发展而制定的国家战略发展方向，其相关体系在不断完善，但是世界上绿色金融认定标准并没有达成一致，我国绿色金融发展也处于不断发展之中，存在许多亟待解决的问题。第一，统一绿色项目认定标准缺失。我国绿色金融标准体系从 2012 年《绿色信贷指引》到 2015 年《绿色债券发行指引》，初步形成标准化制度体系框架，但仍存在若干明显不足。目前我国金融机构需参照由国家发展改革委颁布的《绿色债券发行指引》和央行发布的《绿色债券支持项目目录》两套制度，这两套规则并不完全一致，具体执行中影响金融机构提高绿色金融投融资业务效率。第二，我国缺乏专门的绿色金融法规和细则，绿色金融市场无法可依。虽然 2007 年以来，各部门相继出台以绿色信贷、绿色证券、绿色保险为主要内容的绿色金融基本制度框架，但是这些法律文件多为综合性和指导性的，在实践中缺少具体的指导目录和环境风险评级标准，缺乏规范社会行为和各方权责的绿色金融法律制度体系，很多绿色金融政策的实施效率低下。

二、金融机构发展绿色金融力度不够，补偿和激励政策不足

政府部门、监管部门对银行和企业激励的有效性不足，绿色投资产生的正外部性、污染项目产生的负外部性无法被完全内部化，贴息、税收优惠、奖励等有效的激励机制尚未完全建立，更多依靠金融机构、企业、投资者的社会责任意识；鼓励性、补贴性的绿色信贷优惠政策较少，部分政策只是原则性规定，缺乏操作性；降低了银行绿色投资和企业实行绿色转型的积极性。

政府对污染企业、项目的监管力度不够，对企业、银行的准则机制多以限制性、准则性的行政手段为主，难以对市场主体形成长期的、可置信的奖惩预期。环保项目投

资回收期长，经济回报率低，与信贷人员的考核压力、经济效益存在冲突。

三、商业银行绿色信贷处于初级阶段

商业银行对于发展绿色金融认知不充分，很多金融机构开展绿色金融尚处于初级阶段。

由于我国的产业结构是以制造业为主体，商业银行自然形成了以制造业客户为主体的贷款客户结构；在支持节能环保企业和项目方面，可能面临着较长的投资周期、较大的市场不确定性和较高的贷款风险。同时商业银行如短期内大幅度减少制造业客户贷款，可能会影响营业收入。另外商业银行对于绿色金融的认知处于初级阶段，需要在长远目标和短期利润之间进行平衡。

商业银行发展绿色金融缺少政府的支持。商业银行主要追求股东利益最大化、利润最大化，而目前绿色金融盈利和环境风险、政策风险不足以吸引商业银行将足够的人力、物力投入绿色金融的业务上。为激励商业银行及其他金融业务主体积极开展绿色金融业务，近年来中央政策机构不断推出配套激励工具。2018 年我国人民银行印发《我国人民银行办公厅关于加大再贷款再贴现支持力度引导金融机构增加小微企业信贷投放的通知》，明确提出为绿色金融债项目提供再贷款担保业务。当前，绿色信贷与绿色债券已被各地方商业银行及金融业务开展机构纳入合格抵押质押类担保业务范围，各地政府也推出针对绿色信贷和绿色债券产品的再贴现、补助、担保和税收减免等支持政策。

随着绿色金融政策的支持力度增加和对环境风险、政策风险的进一步认识，商业银行发展绿色金融将进入新的阶段。

四、绿色金融实践主体和产品类型需要丰富化

目前，我国绿色金融产品结构和种类不够丰富，虽然证券、保险、信托等其他金融机构都有参与，但从种类、规模和比例上看仍然有较大的发展空间。“尽管我国国内金融业在把握气候变化领域的金融创新，如绿色信贷、结构化理财产品、碳基金等方面有许多亮点，但与国际市场上不断创新演进的绿色金融衍生品，如 CER/EUA 期权、1CER/EUA 期货、CER/EUA 互换、承兑 CER 等相比，这些创新无论从广度、深度还是从规模来看，都与我国绿色金融市场发展的巨大空间不相适应”。

总体来讲，我国在绿色信贷和绿色债券方面相对领先，但是在绿色保险、ESG(环境、社会和治理)投资以及碳市场等领域发展较为缓慢，未来还有较大发展空间。

目前我国绿色金融产品主要面向大型环保类企业和大型清洁能源、节能减排项

目，无法满足中小型环保企业多样化的融资需求，需要针对各个阶段的企业开发适应性更强的金融产品和金融服务，加快全产业链的低碳转型。绿色金融的发展需要构建多元化的金融体系。

五、信息披露机制需要加强

信息披露制度一直是我国绿色金融制度完善的重点。绿色金融的投资者必须掌握充分的企业环境信息才能判断哪些企业是绿色的、哪些是污染的，从而加大对绿色企业的投资，减少对污染性企业的投资。然而，目前企业对环境信息披露不足，参考价值不强。只有极少数公司披露了关于废水或废气排放不达标的负面信息，大多数企业"报喜不报忧"；而40％左右的上市公司的环境信息披露只是简单陈述，并没有足够的相关数据支撑，不能满足银行和投资者对信息实质性的期望和诉求。生态环境部、金融监管部门和金融机构之间缺乏有效的信息联通机制。

2015年《我国人民银行绿色金融债券公告》明确要求绿色金融债券发行人必须按期公开募集资金使用情况及有关环境效益影响的评估报告。2020年中央金融监管部门联合印发《关于促进应对气候变化投融资的指导意见》，该文件旨在推动金融机构进一步完善绿色投融资项目信息披露制度。但是，由于实际绿色金融发展和制度体系建设时间较短，信息披露的广度、深度和透明度亟待提高。此外政府及金融机构并未建立统一的信息共享平台，对企业环境相关信息掌握不充足、不及时，使我国绿色金融业务发展长期受困于"信息不对称"问题。多数企业及金融机构在项目信息评价时仅涉及环境信息的宏观描述。环境信息披露和共享机制的不足阻碍了资本市场向绿色产业的资金配置，金融机构在环境评估、绩效审核、信贷资金发放上与绿色金融的预期目标存在较大偏差。

六、加强统一有效的碳市场建设

目前我国碳市场建设滞后，全国统一有效的碳交易市场刚刚建立，在碳金融服务上国内金融机构参与不足，碳期货、期权等各种金融衍生品和金融服务支持相对较弱，缺乏在国际碳市场的定价权和主导权。全国交易平台较为分散的格局使得各地碳交易各自为政、规模较小，发展空间有限，国际市场竞争力非常弱。

碳金融作为绿色金融的主要组成部分，不仅对绿色金融的未来发展有着深远影响，也将会成为碳中和目标的重要金融手段。碳金融市场一方面是应对气候变化的重要工具，另一方面并不由市场自发形成，受到政策影响较大，因此在建立市场的过程中，市场参与者的积极性和市场活力需要激发。

第二节　可持续发展准则

一、可持续发展理念把握不准确

由于绿色金融和可持续发展在国际上并没有准确的、权威的定义，在发展过程中不同主体有不同的理解和界定，并且随着时间变化绿色金融的内涵和范围也在变化，因此在具体应用中，经常出现可持续发展理念和标准把握不准确、落实不彻底的现象。如金融机构更加倾向于回报快、利润高的项目，对绿色金融的理念缺乏正确的认识，仅是在表面理论上分析和解读绿色金融，并没有真正实践和达到可持续发展目的。在公众方面，虽然也熟知环保、绿色概念，但在选择相关产品的时候，并不完全考虑该产品在生产的过程中是否满足和达到环保的要求与标准，还要综合考虑品牌、价格等因素，这也导致了相关企业不能很好地推广自己的环保产品。绿色金融项目的第三方评价机制建立不足，绿色金融要求的专业技术比较繁杂，而且经常处于不断更新状态，公开的、权威的环保数据库还不够，绿色项目中介等专业服务机构发展滞后，影响绿色项目的评定。金融部门真正了解和掌握环保知识的专业技术人员极少，没有办法通过第三方评价获得支持，导致金融机构开展绿色金融的社会效果大打折扣。

二、相关法律法规建设尚需完善

可持续发展需要在健康的法治环境下进行。我国出台了诸多政策，也逐步形成了绿色金融发展的政策框架，但是并没有形成完善的绿色金融法律体系。目前的绿色金融法律法规由国务院有关部委制定印发，法律执行效力不强，一定程度上缺少强制力。同时还存在操作性不强的问题，出台的意见、指引多为原则性规定，缺少具体标准和明确的法律责任规定，实践中往往被束之高阁，难以实际落实和执行。此种状态下，可持续发展不能得到充分的保障。

三、可持续发展转型需要较长转型期

党的十九大报告指出，我国经济由高速增长阶段转向高质量发展阶段，但目前现有产业结构决定了经济的可持续发展转型需要一定的时间。受新冠肺炎疫情冲击，国际经济下行，大宗商品价格不断下探，多数企业生产经营困难，主动实施技术升级以实现节能减排的意愿不强。此外污染防治、节能减排等绿色化改造需要大量、长期的资金投入，多数企业面临巨大的资金缺口，中小企业问题更为突出。因此可持续发展也将面临一个较长的转型期。

第五章　绿色金融短期和长期发展的原则

无论经济社会还是企业，都存在短期发展和长期发展问题，它们二者并不完全一致，甚至某些方面还出现互相矛盾的关系，即对短期发展好可能会危害长期发展，对长期发展好可能会影响短期发展。这种关系在环境保护和可持续发展方面体现得非常明显，如何解决这一问题是绿色金融所关注的核心问题。本章内容主要包括企业短期盈利和长期发展原则、企业发展负外部性和社会发展内生性原则。

第一节　企业短期盈利和长期发展原则

一、企业短期盈利和长期发展的矛盾

劳动分工和市场经济促进了企业的发展，企业的活动具有一定的负外部性，因此在科学技术不够先进、绿色产业转型刚刚开始阶段，企业短期盈利和长期发展存在一定的矛盾。依据比较成本说以及要素禀赋说，在相同条件下，人们会选择效率高成本低的产出。也就是说，当每个人都选择专门生产自己有比较优势的产品时，经济总量增加，每个人都可以从交易中获利。但这种假设往往没有考虑资源环境原则，如果越来越多的生产者加入交易体系，则生产总量不断增加，对资源的需求日益旺盛，必然会在某个时间节点超出环境的供应能力，从而对长期发展导致不可持续的后果。

二、绿色金融的商业性与公益性之间的矛盾

绿色金融对于促进环境、经济、社会的可持续发展具有重要意义，具有较强的正外部性。绿色金融为从事清洁生产、绿色制造、生态农业、清洁能源、节能服务、环保治污等环境友好型企业或项目提供融资服务，以及为企业进行节能减排，工艺、设备及技术升级改造等提供资金支持；同时对高污染、高耗能、高排放等污染型企业和项目的投资进行资金限制。通过把资本引向节能环保、绿色低碳领域，起到减少环境污染、优化生态环境和促进节能减排的作用，并有利于推动绿色环保产业发展，促进实体经济绿色转型。减少对污染型行业的投资，有利于加速淘汰落后和过剩产能企业

以及落后的生产工艺和设备等，转变经济发展方式，促进产业结构优化升级。

绿色金融要求企业在日常经营管理过程中融入生态环境保护理念，在投资决策过程中考虑潜在的环境因素。这可以有效防范环境风险，进而降低金融风险。如当环境风险出现后，实体企业可能会遭受损失，比如生产中断、产品损坏等，从而引起实体经济出现经营风险，使金融风险加大。环境风险可能会使抵押物贬值而使金融企业蒙受巨大损失。因此，绿色金融可以有效控制环境风险，降低各类与环境相关的金融风险，使金融系统的稳健性进一步提高，促进金融业自身的可持续发展，进而推动经济和社会的可持续发展。

但是绿色金融一般投资期限较长、收益偏低，还需要支付额外的绿色项目认证费用、评估费用等，从而使得开展绿色金融业务的成本较高，这与企业追求“利润最大化”的目的相悖。因此，相当一部分绿色金融项目可能要牺牲一定的经济效益来确保环境与社会效益，发展绿色金融存在商业性和公益性之间的矛盾。只有考虑商业可持续性，有效解决绿色金融的内在矛盾，实现其经济效益与环境和社会效益的有机统一，才能实现绿色金融的可持续发展。

由此，绿色金融产生大量的环境效益和社会效益，产生良好的社会效益，这种环境效益和社会效益使全体居民所受益，因此产生额外成本也应该由全体受益者共同承担。相关学者提出对环境污染、资源配置低效和不公平进行征税，采取税收方式来控制污染排放水平，补偿发展绿色金融和绿色产业产生的矛盾。

三、盈利性与公益性对绿色产业转型的影响

协调绿色金融盈利性和公益性的平衡关系，成为我国绿色产业转型成熟发展道路上必须解决的问题。

（一）资金的短期性与长期性问题

在绿色信贷等金融工具的运作中，其时间因素是非常重要的。中长期与短期的项目投入需要有一个适当比例，但在污水和固废处理、清洁能源、绿色建筑、清洁交通（如地铁和轻轨）等绿色项目中，建设周期一般较长，需要中长期信贷支持。政府可以支持创建专门的政策性绿色金融机构，如绿色发展银行或生态银行，来共担商业银行的绿色责任压力；政府对绿色信贷进行贴息或给予其他方式的支持，对解决“短期性与长期性”矛盾、提高中长期项目融资比重有明显作用；可以通过绿色债券、绿色保险、绿色基金等方式缓解资金中长期回流的压力和风险；加快绿色中介机构的发展，鼓励绿色信用评级机构积极从事绿色项目开发咨询、投融资服务、资产管理等，并不断探索新的业务服务领域；创建与环境相关的产业投资基金，以支持绿色发展项目和生态环境保护；加强绿色金融衍生工具创新，建立完善的绿色金融衍生产品市场，逐

步发展碳交易市场等。解决绿色金融中资金需求量大和资金期限配比等基础问题，为绿色产业转型提供充足的资金支持。

(二)市场参与主体问题

扩大绿色金融参与的市场主体，调动非银行金融机构和社会资本，鼓励其逐步介入绿色金融业务，参与构建全面的绿色金融市场体系。如引导影子银行认同并实施“赤道原则”中的“绿色担当”，参与绿色金融体系建设。

第二节　企业发展负外部性和社会发展内生性原则

一、企业发展的负外部性

有学者从私人净边际价值和社会净边际价值背离的角度阐释了外部性的含义。并指出，当私人提供商品或服务时附带地向第三方提供了服务或造成第三方损害，但却不能向其收取报酬或无须给予受害方补偿时，即产生了正的外部性或负的外部性。在自利心的驱动下，当正(或负)的外部性存在时，私人净边际产品的价值会低(或高)于社会净边际产品的价值。因此，学者认为，当外部性存在时完全利用市场机制实现社会资源的帕累托最优配置是不可行的。自然环境属于公共产品，它具有典型的非竞争性和非排他性的特点。这种特点使得任何企业都可以无成本地、不受限制地使用公共环境资源，同时也意味着企业可以破坏环境以实现自身利益的最大化，但却无须为其行为付出代价，这样就产生了负的外部性。环境污染这种负的外部性特点扭曲了自然资源的最优配置，使得企业耗费自然环境资源所产生的最优产量高于社会最优的产量，也即企业对自然环境的污染水平超过了社会发展所需的最优环境污染水平。

二、企业负外部性内部化存在困难

自然环境具有公共环境资源属性，在使用过程中只有政府对其有管理权，只有在产权明晰的情况下，环境资源才可以被当作商品交易，否则作为公共产品任何企业都可以不受原则地使用公共环境资源，也不会有任何人愿意为使用这种公共资源付费。另外在环境污染的法律诉讼中，由于专业属性环境污染的受害者往往难以拿出有力的证据证明其身体健康的损失或财产损失是由企业排放的污染物所导致的，或者相关技术检验的费用也可能高到足以让受害者放弃搜寻这种证据。因此，环境污染外部性内部化很难实现。

三、社会发展内生性原则

环境污染问题已经成为人类生存和发展的威胁，可持续发展成为社会发展的内在需求；发展低排放、低污染项目、环保技改项目，加大设备、产品、技术研发，实现经济发展和环境保护协同一致存在可操作性。出于社会发展内生性原则，世界各国纷纷将可持续发展作为经济转型、产业创新的重要途径，我国也在“十四五”规划中提出要大力发展绿色金融，这从顶层设计层次指出了我国未来经济发展模式。在此背景下，企业环境成本逐渐内部化，企业违法成本不断提高；同时，国际标准化组织颁布了ISO14000系列环境管理体系标准，国际绿色贸易壁垒愈演愈烈，企业面临的环境保护成本压力越来越大。为了适应竞争环境的需求，很多企业需要绿色转型升级，以适应未来市场对于环境保护的要求，避免环境风险和政策风险。对于金融机构来说，发展绿色金融也是顺应国家政策发展需求，统筹短期和长期资金配比，降低由于投资“三高”企业产生的违约风险和金融风险。

第六章　绿色金融重点领域的发展与应用

第一节　绿色金融在交通行业的应用

绿色金融在交通行业的应用，主要是通过绿色政策的指导和各类金融衍生工具的实践，促进资源向绿色交通(清洁交通)集聚，推动该行业的可持续发展和进一步繁荣。本节概述了绿色金融在我国交通运输业中的应用。其中，第一部分概述了国内外的相关政策、定义，第二和第三部分详细阐释了绿色信贷和绿色债券在交通行业中的应用，第四部分给出了总结和建议。

一、相关政策及定义

2007 年，我国银行业监督管理委员会发布了《信用节约减排工作指导意见》，将绿色交通纳入了“节能减排”的广泛政策。自此以后，我国绿色金融领域陆续发布了若干涉及绿色交通行业的政策和指导意见。2014 年，银保监会的《绿色信贷实施关键评价指标》根据客户的环境和社会风险(包括绿色交通相关内容)分为：A、B、C 三类。2015 年，我国银行业监督管理委员会和国家发展和改革委员会的能效信用指引将能效信贷业务的关键服务领域分为四个部分。2015 年，我国人民银行的《绿色债券支持项目目录》有六大绿色项目，第四类是清洁交通。2016 年，七部委联合发布了《关于建立绿色金融体系的指导意见》，并明确表示：“绿色金融是指支持环境改善、应对气候变化和资源有效利用的经济活动，即环境保护、节约能源，由清洁能源、绿色交通和绿色建筑等领域的投资和融资，项目运营和风险管理等项目提供的金融服务。”2018 年，我国银行业监督管理委员会绿色信贷统计信息披露在节能环保项目和服务两大项目，以及三个战略性新兴产业，都涉及绿色交通的内容。

从一系列政策和指导意见中我们也了解到，绿色交通是一个具有差异性的概念。

首先，在不同绿色金融产品实践中，绿色交通的划定或范畴并不一致，特别是政策较为清晰的绿色债券、绿色信贷两类。绿色交通在绿色债券中的内容多了清洁燃油、交通领域互联网应用两项。前者指生产符合国家 V 汽油标准的汽油产品和符合国Ⅳ燃油标准的柴油产品，后者指的是使用移动通信终端、通信基站、卫星定位设备、互联网和其他设备或设施在交通领域使用的网络应用。此外，绿色信贷将新能源汽车相关产业纳入“战略性新兴产业”，进行单独统计，这也体现出新能源汽车的重要性。

与此同时，我国的绿色保险主要是环境责任保险，与绿色交通的关系并不密切，而国外的绿色保险也是如此。绿色交通的产品有低排放工具折扣产品、低历程折扣产品、公司车队绿色升级支持产品等。可以看出，我国的绿色保险业务范围仍然相对狭窄。

其次，国内和国际绿色金融产品的运输项目绿色认证标准存在差异。例如我们将我国的绿色债券支持项目目录与国际绿色债券原则(2017 年版)和气候债券标准(V2.1 版)进行比较，从中不难发现，国际标准包括非机动项目，如绿色交通领域的自行车，以及更加重视宽带和视频会议等替代方案；国际标准促进了混合动力汽车的应用，这在国内标准中没有明确规定；国内支持项目包括清洁燃料，这在国际上则并不强调。

最后，绿色金融领域与交通运输领域，对绿色交通的定义维度存在差异。《交通运输部关于全面推进绿色交通发展的意见》强调全面实施绿色交通，发展重大项目。这些包括运输结构优化项目(协调运输基础设施布局，优化客运结构和改善货物运输结构)、运输组织创新项目(促进高效的运输组织，提高物流信息化水平，发展高效的城市配送模式)、绿色旅游推广项目(全面实施绿色出行，深入实施公共交通优先战略，加强绿色旅游推广和科普教育)、大量使用运输资源(加强渠道岸边资源利用，提高交通基础设施的土地效率，促进资源的综合回收，推广和应用先进的节能和环保技术)、高效清洁运输设备升级项目(推动运输设备标准化，推动新能源和清洁能源车辆和船舶的应用)、交通污染防治工程(加强船舶港口污染防治，加强卡车污染排放源头控制)、交通基础设施生态保护项目(促进绿色基础设施的建设，实施交通走廊绿化，实现交通基础设施的生态恢复)。由此观之，交通运输领域内的绿色交通概念，其覆盖面要比绿色金融领域当中的范围更加广泛。例如，交通运输部门的绿色交通概念强调了交通结构的优化和资源的集约化，提出扩大铁路网覆盖面、加快完善公路网、推进内河高等级航道建设、统筹布局综合交通枢纽、完善港口机场等重要枢纽集疏运体系以便于提高综合交通网络的综合效率，促进各种客运系统的有机联系和差异化发展的一系列举措。再如，其在物流运输、个人绿色出行等方面也有所拓宽，同时还涉及与污染、节能等绿色金融典型行业的交叉领域。我们认为，这与绿色金融业对绿色交通定义的不同，一定程度上体现了政策需求与量化考虑的差异。不可否认的是，交通运输部对于绿色交通的定义更兼顾发展效率、结构优化与节能环保的概念。这种政策引导对于我国绿色金融在交通行业的应用也有一定的影响。

二、绿色信贷与绿色交通

首先，对21家银行绿色交通贷款余额及其占绿色信贷比例进行统计，我们可以发现绿色信贷在绿色交通方面的支持整体向好。与之相对的是21家银行绿色交通项目标准煤节能量和二氧化碳减排当量，及其占全体绿色信贷项目的比例。绿色交通项目标准煤节能量占比在近五年来有波动，这或许说明我国绿色交通的“绿色”属性尚待提升。

其次，统计表将绿色交通分为“绿色交通运输项目”中的铁路运输项目、航道治理及船舶购置项目、城市公共交通项目（分为城市公共汽电车客运项目、城市轨道交通项目）、交通运输环保项目以及“战略新兴产业”下设的新能源汽车项目。

综上所述，在绿色交通的金融发展和信贷实践过程中，存在认知模式与方针设计的错位。这强调交通运输结构优化和资源集约的“绿色交通”政策方针，在客观上包含了绿色交通在绿色金融领域较狭义的定义，也更大程度符合我国的发展需要。各大银行就是在这样的语境下挖掘包括国家战略项目、供给侧改革/助力产业升级作为稳定政策的基础设施建设等的“绿色”价值，如高速公路建设与其他更先进环保的交通方式相比不够“绿色”，但较更原始的交通方式，它一定程度上实现了粗放与集约、原始与规范的跨越，在推进交通运输网络组合、客运系统衔接过程中仍具结构性意义。

但应该承认，我们在整个以上述分类方式为名义的信贷过程中，对经典意义上、更具国际性的“绿色交通”关注度不够。这些交通项目进入绿色信贷统计范畴中，但其本身的“绿色”属性并不明显，这在绿色交通项目在贷款余额与节能减排量之间的差异上也能体现。由此观之，理念的先进性和措施的准确性至关重要，同时这背后一定程度上也反映出政府主导与市场运行之间的矛盾。如何理顺政府和市场之间的关系，将绿色信贷、绿色金融市场真正激活，让绿色交通和绿色理念以新能源汽车等实践的方式更深入人们的生活，这才是我们需要最终解决的问题。绿色和经济发展并非对立，我们有潜力寻找到一种环境与经济共同进步的模式，但它仍需要投入大量的人力、物力和智慧。

三、绿色债券与绿色交通

自2015年底我国人民银行发布《绿色金融债券公告》以来，随着监管体系的逐步建立和行业参与的深入，国内绿色债券市场走上了正轨。

首先，绿色债券行业的认证信息披露不完善和不透明。虽然我国人民银行规定金融债券的公司发行人应定期披露包括募集资金使用在内的信息，但是绿色金融市场的信息公开还有待明晰和规范。我们发现某些债券仅披露为包含清洁运输付款，或仅在绿色债券支持项目目录范围内。这不利于相关产业的进一步发展。

其次，如上所述，绿色债券原则和气候债券标准中不存在清洁燃料。这是我国债券标准与国际不完全接轨的一例。而绿色债券在该项目的欠发达，启发我们更加谨慎地审视既有标准，比如它是否与清洁能源/新能源行业存在交叉。

最后，铁路交通项目的绿债发行较少。这固然存在信息披露的缘故，然而也说明就交通行业而言，绿色债券和绿色信贷在具体类目上存在交叉和互补的情况。

四、小结

绿色金融领域涉及绿色交通实践的还有其他产品，但限于篇幅和我国发展现状的客观情况我们未曾详细介绍。如前文已经提到的国外推行的个人绿色保险，大致可分为低排放工具折扣产品、低历程折扣产品、公司车队绿色升级支持产品，在节能减排和缓解拥堵方面发挥了重要作用。欧洲、美国、加拿大等地推出的绿色汽车消费贷款，对各款低排放车的能效进行评级。以下是针对绿色金融在交通行业的问题所提出的建议。

首先，我国的绿色金融发展是由政府自上而下推动的，但其更进一步的发展需要结合“自上而下”的顶层设计和“自下而上”的基层探索。我国政府应该坚持市场导向，让更多企业和个人真正参与进来，不断通过体制机制创新提高绿色项目的回报率，引导金融资源配置到节能环保的绿色领域，服务实体经济绿色发展，同时也应该积极探索绿色金融产品创新，将多种产品有层次地、多样地结合起来，注意其互补交叉的特性。

其次，我们要更进一步确立“绿色”在各行业的定义、内涵与外延，并在实际运用中更明确其适用范围和尺度。例如，地铁旅游本身具有节能环保的特点，但如果偏离城市发展的实际进度和需求，可能会成为一个非绿色工程，造成资源浪费。再如共享单车亦具备清洁环保、低碳出行的作用，但过度投放反而会造成城市污染现象。因此，我们应注意树立广泛的“绿色”意识和“绿色标准”，使绿色和经济协同发展。

第二节　绿色金融在节能行业的应用

一、节能行业划分

节能产业被分为工业节能、建筑节能、交通节能和节能服务。

(一)工业节能

工业节能是实施工业部门资源节约和环境保护的基本国家政策。工业节能采用技术上可行、经济合理、环境和社会负担得起的措施，以减少工业部门各方面的能源消耗，减少污染物排放，有效合理地利用能源。

实施工业能效计划，加强高耗能行业的能源消耗控制，在关键的能源消耗行业全面实施能效基准(能效水平基准活动是指企业提高能效水平，比较分析国内外同行业先进企业能效指标，确定基准，通过管理和技术措施实现基准或更高能效的节能实践活动)推进工业企业能源管理控制中心建设，推进工业智能能源监测和诊断技术。

推动下一代信息技术和制造技术的发展，提高工业生产效率和能源效率。针对工业领域的电力需求侧管理开展专项行动，推动可再生能源在工业园区的应用，并将可再生能源比率指标纳入工业园区评估体系。

(二)建筑节能

建筑节能是指在建筑物的规划、设计、施工、改造和使用中使用节能的建筑技术、设备和材料。建立施工设备监控系统，实施建筑机电设备节能改造，优化机电设备运行，能源监管等。加强建筑能源系统的运营管理，提高供暖、制冷、照明、通风、给排水、接入系统的运行效率。在保证建筑物功能和室内热环境质量的前提下，利用可再生能源降低供暖、空调、制冷、供暖、照明、热水供应等能耗，合理、有效地利用能源的活动。

开展建筑节能先进标准的领先运行，建立超低能耗、近零能耗建筑的试点项目，在建筑屋顶上实施分布式光伏发电。制定绿色建筑施工标准，开展绿色生态城市建设示范活动。

推广使用太阳能、浅层地热能、空气热能、工业余热等，解决建筑能源需求。

(三)交通运输节能

交通运输节能主要是指降低交通运输行业能耗的一系列措施，将绿色发展理念融入交通发展的各个方面和发展中。要继续推进交通结构调整,提高交通运输设备能效,优化交通能源消费结构,深化节能减碳系统的创新和技术应用。

加快综合运输体系建设,发挥不同运输方式的比较优势和组合效率,推进交通运输等先进组织模式,提高多式联运比例。大力发展公共交通,推动"公交城市"的创建。提升运输能源的清洁度,大力推广节能环保车辆、新能源汽车、天然气(压缩天然气/液化天然气)清洁能源汽车、液化天然气动力船,并支持相关配套设施建设,提高运输车辆的能源效率。

推动绿色航空项目的实施,如飞机辅助动力装置(加速处理器)更换,机场地面车辆"石油到电力",以及新能源应用。促进铁路编组站制冷/供暖系统的节能和燃煤替代方案。推进智能交通,建立公共旅游物流平台信息服务体系,引导"共享"交通方式的培育。

完善和拓展节能服务业,创新合同能源管理服务模式,完善利益共享机制。推广能源成本保管,节能保障和融资租赁等业务模式,以满足能源用户的个性化需求。支持实施节能咨询、评估、监测、检验和测试、审核、认证等服务。鼓励能源服务公司整合上下游资源,为用户提供一站式服务,实现合同能源管理,如诊断、设计、融资、建设和运营。促进单一设备的服务内容,单项目转型、能源系统优化、区域能效提升。

(四)节能服务

节能服务业是一个为节能减排企业和项目提供服务和支持的产业。它以各种专业节能服务公司为主体,以能源消费者为客户,帮助客户解决节能运行和改造的技术和实施问题,是现代服务业的重要组成部分。节能服务项目主要分布在建筑、工业和交通领域。节能服务的目的是减少能源消耗,提高能源效率,减少污染排放。

1. 节能服务公司与合同能源管理

节能服务公司又称为合同能源管理公司(EMC 公司),国外简称能源服务公司。基于合同能源管理 EMC 机制,一个专门的节能服务公司运作和获取直接利润。在美国、加拿大和欧洲,能源服务节能已发展成为一个新兴的节能产业。

能源管理合同机制是 20 世纪 70 年代西方发达国家基于市场运作的新型节能机制。节能服务公司和能源使用单位以合同形式就节能项目的节能目标达成一致。节能服务公司设计、投资和运营节能项目,能源服务公司与节能服务公司分享合理利润,银行业金融机构为节能服务公司提供信贷支持。

2. 节能服务行业发展概况

我国的节能服务业诞生于 20 世纪 90 年代。1997 年,国家发展和改革委员会联合世界银行和全球环境基金开设了世界银行/全球环境基金我国节能促进项目。该项目在北京、辽宁和山东成立了示范能源管理公司。三个示范合同能源管理公司利用合同能源管理模式运营节能技术改造项目，达到了成功率超过99%的盈利能力。然而，由于当时企业的节能意识和需求疲软，我国的节能服务业发展缓慢。从2015—2018年，由于国家对节能环保的政策支持，节能服务业得到了政策的大力支持。我国的合同能源管理市场也取得了长足的发展，已成为我国节能服务业的主导运作模式。

在整个节能服务业的发展过程中，整体产业规模快速增长。同时，节能服务行业节能减排成效显著，节能能力稳步增长。

节能服务业不仅在推动节能技术应用和节能项目投资方面发挥着至关重要的作用，它在推动节能改造、降低能耗、增加社会就业、促进经济发展方面也发挥了积极作用。它已成为我国转变发展方式、经济改善和效率、建设生态文明的重要手段之一。

二、绿色金融在节能行业的应用现状

节能行业巨大的发展空间创造了快速增长的融资需求。绿色金融既可以提供融资支持，又可以发挥金融的价格发现和优化资源的配置作用，增加高耗能、高污染企业的成本，迫使行业升级。

随着绿色金融在我国的发展，我国绿色金融市场中，绿色信贷和绿色债券对节能行业支持力度较大。此外，国家还采取了一系列战略部署，引导绿色信贷和绿色债券，以帮助节能产业的发展。现将工业节能、建筑节能、交通运输节能及节能服务行业贷款余额变动情况整理如下：

(一)绿色信贷

相关文件从能效项目特点、业务重点、业务准入、风险评估点、流程管理、产品创新等方面，提出了节能行业绿色信贷的业务指导，重点如下：

1. 能效信贷业务的主要服务领域

(1)工业节能：主要涉及电力、煤炭、钢铁、有色金属、石油石化、化工、建材、造纸、纺织、印染、食品加工、照明等重点行业；

(2)建筑节能：主要涉及现有和新的住宅楼办公楼和商业、教育、科研、文化、卫生和其他公共建筑；

(3)交通运输节能：主要涉及铁路运输、公路运输、水运、空运和城市交通；

(4)与节能项目、服务、技术和设备有关的其他重要领域。

2. 能效项目定义和特征

相关文件同时对能效项目做了规定：能效项目是指优化设计，更新能源使用设备和系统以及加强能源回收，旨在节约一次能源和二次能源的节能项目。它具有以下特点：

(1)技术类型复杂，专业性强；

(2)涉及内容广，参与主体多；

(3)市场潜力巨大，具有经济，环境和社会效益。

3. 重点能效项目

银行业金融机构应在有效控制风险和商业可持续性的前提下，为以下重点能效项目增加信贷支持：

(1)关键能效项目有利于促进产业结构调整、企业技术改造和重要产品升级；

(2)符合国家重点节能低碳技术推广目录中列出的国家规划或能效项目和合同能源管理项目的节能项目；

(3)符合现行国家标准的新能源建筑项目；

(4)符合国家绿色循环和低碳交通要求的重点节能项目或试点示范项目；

(5)符合国家半导体照明节能产业发展规划的半导体照明产业化和室内外半导体照明应用项目；

(6)国家或地方有关部门支持的节能技术改造项目和重大节能技术产品产业化项目；

(7)符合国家产业政策或行业计划的其他重点能效项目。

4. 能效信贷方式

就能源效率信贷的方式而言，文件主要指出两种类型：第一是将能源信用用于能效项目；第二是合同能源管理信贷。

我国节能产业的绿色信贷处于持续健康发展的态势，具有以下特点：

一是行业整体绿色信贷规模保持稳定增长；二是节能产业绿色信贷的环境效益更为显著。

(二)绿色债券

1.《绿色债券发行指引》

在绿色债券方面，为了进一步推动绿色发展、促进经济结构调整、优化发展方式加快转型，国家发展和改革委员会向金融发展基金发布了《绿色债券发行指引》(以下简称指引)。对于节能行业，《指引》现阶段支持重点为：

(1)节能减排技术改造项目。该项目包括燃煤电厂的超低排放和节能改造,余热和余热利用,如余热锅炉、燃煤锅炉的节能和环保改善,电机系统提高能效,提高企业能效和绿色照明。

(2)绿色城镇化项目。包括绿色建筑发展、建筑工业化、既有建筑节能改造、海绵城市建设、智慧城市建设、智能电网建设和新能源汽车充电设施建设等。

(3)节能环保产业项目。包括节能环保主要设备,技术产业化以及合同能源管理,节能环保产业基地(园区)建设。

2.绿色债券支持项目目录

我国绿色债券的另一个标准是我国金融协会绿色金融专业委员会制定的《绿色债券支持项目目录》(以下简称目录)。该目录共包含6个主要类别和31个小类环境效益重要项目及其解释和定义,其中第一大类即是节能。

第三节　绿色金融在清洁能源行业的应用

一、相关政策及定义

截至2018年6月1日,清洁能源的定义在业界仍然存在着一些争议。《气候债券标准》以及《绿色债券支持项目目录》,存在不同的定义方式。《绿色债券支持项目目录》更广泛、更具特点地定义了清洁能源,与《气候债券标准》相比多出了能源互联网一项。由于能源互联网在我国绿色产业中占有重要位置,因而本文倾向于《绿色债券支持项目目录》中给出的清洁能源的定义。

截至2018年6月1日,我国所有的绿色债券募集说明书均引用的的是《绿色债券支持项目目录》的规定,涉及的公司必须在资金募集说明书中注明其投入在《绿色债券支持项目目录》中的具体项目。在《绿色债券支持项目目录》中,清洁能源行业具体定义如下:

二、绿色信贷与清洁能源

2016年在我国的倡议和推动下,G20绿色金融研究小组成立。2017年6月,我国在5个省(区)建立了绿色金融改革创新试验区,以鼓励绿色信贷的发展,并且赋予了绿色信贷重要的时代意义。

绿色信贷在绿色金融中占有很大比例。国家开发银行在清洁能源行业贷款余额为4024亿元，主要资金项目集中在水利发电、风力发电、光伏发电行业中。我们据此可以看出绿色信贷能够有效解决了我国清洁能源行业发展的资金问题并促进清洁能源的普及。

三、绿色债券与清洁能源

绿色债券在绿色金融地位显著。我国清洁能源行业中绿色债券的发行主体同样也主要是水利发电、风力发电和光伏发电企业。其债券发行规模较大，且有一部分发行了多期。

四、小结

除了天然气，其余的清洁能源行业都是可再生能源。可再生能源是第三次能源革命的核心。世界的能源结构未来主要会从不可再生能源转变为可再生能源。因此，发展清洁能源行业是十分必要的。不论是从绿色信贷还是绿色债券，我们都不难看出绿色金融对于清洁能源行业的影响之大。它能够有效地解决清洁能源行业的资金链问题，为清洁能源行业的稳步发展提供资金后盾。

第四节　绿色金融在环境治理方面的应用

一、相关政策及定义

污染防治类项目涉及的细分行业多，在绿色金融的不同层面和产品中有不同的定义和界定条件。截至2018年6月1日，我国有两套标准定义绿色项目，一套是由我国金融学会绿色金融专业委员会(简称“绿金委”)编制的《绿色债券支持项目目录》(以下简称目录)对其的规定，另一套是发改委在《绿色债券发行指引》(以下简称指引)中所规定的绿色循环低碳发展项目。目录中关于“污染防治”项目的界定如下：

目录将污染防治分为三个二级分类：污染防治、环境修复工程、煤炭清洁利用。总的来说这一标准对污染防治项目的规定是通过脱硫、脱硝、除尘、污水处理等设施建设，以及其他类型环境综合治理行动，实现削减污染物排放，治理环境污染，保护、恢复和改善环境。

发改委指引将绿色项目划分为十二大类，并在每类后进行了简要的列举说明，其中将污染防治项目界定为如下细分类别：

发行绿色金融债、绿色公司债以及非金融绿色债务融资工具主要依据的是绿金委目录中对绿色项目的界定,而发行绿色企业债则主要依据的是发改委指引中的界定范围。

在绿色信贷的实践应用层面,根据银监会的绿色信贷统计制度及 21 家主要银行的绿色信贷情况统计,绿色信贷中涉及污染防治类项目的主要细分项目如下。

一是支持三大战略性。

二是自然保护、生态修复项目。

三是垃圾处理及污染防治项目。

四是资源循环利用项目。

五是节能环保产业。

根据绿色信贷统计制度,绿色信贷主要涵盖两部分:一个是支持三大战略性新兴产业生产制造端(包括节能环保、新能源、新能源汽车)的贷款;二是支持节能环保项目和服务的贷款,其中节能环保项目和服务的贷款细分又涵盖 12 个项目:

(1)绿色农业开发项目;

(2)绿色林业开发项目;

(3)工业节能节水环保项目;

(4)自然保护、生态修复及灾害防控项目;

(5)资源循环利用项目;

(6)垃圾处理及污染防治项目;

(7)可再生能源及清洁能源项目;

(8)农村及城市水项目;

(9)建筑节能及绿色建筑;

(10)绿色交通运输项目;

(11)节能环保服务;

(12)采用国际惯例或国际标准的境外项目。

依据绿色信贷统计制度的具体要求,纯工业废水处理需要在工业节能节水环保项目中填报,生活污水处理和工业废水的处理则是在垃圾处理及污染防治项目中填报。

总的来说,我国绿色信贷的实施主体主要是各大商业银行和券商。由于主要以银行的绿色信贷业务为主,因此银行的归类具体界定了这些项目。污染防治类项目在绿色信贷中的细分界定主要有以下五类:工业节能节水环保项目、自然保护及生态修复项目、垃圾处理及污染防治项目、资源循环利用项目以及节能环保产业生产制造端。

根据银监会的《绿色信贷统计表填报说明》，银行绿色信贷的贷款环境效益测算以贷款所形成的年节能减排量为衡量指标。

其中，节能减排量的具体测算方式主要是依据标准煤、二氧化碳当量、化学需氧量、氨氮、二氧化硫、氮氧化物、节水等指标。

二、行业绿色金融需求

发展绿色金融，是实现绿色发展的重要措施，也是供给侧结构性改革的重要组成部分。绿色发展已经成为国家战略，绿色金融在未来发展道路上也会充满机遇。可以预见未来绿色金融市场潜力不可估量。

同时，我国环保产业结构开始做出较大调整，“小而散”格局正逐步进行调整，但和长期产业规划目标及国外市场相比依然有较大差距。随着环保需求的不断升级，加快产业并购重组是龙头企业实现业务范围拓展、技术储备扩充，抓住市场机遇的重要手段。

从市场需求的角度看，我国环境污染治理正在从企业末端治理转向为综合性治理如集中治理、公共服务以及生态保护修复。比如污水处理项目不再仅与污水处理厂的建设运营相关，也需要管网建设的配合；部分水环境治理项目甚至覆盖多个相关但完全不同的领域如污水处理、水系治理、环境修复等；垃圾焚烧发电项目也大多需要同时承担垃圾清运、转运体系的建设与运营的工作。这些都在客观上扩大了项目规模，同时也对企业业务领域和技术能力提出了更高的综合性、复合性要求。

三、行业绿色金融现状

绿色金融在污染防治类项目的应用是主要以绿色债券、绿色信贷和绿色保险等形式存在。

(一)绿色债券

绿色债券包括绿色金融债券和非金融企业绿色债券，后者涵盖了绿色公司债、绿色企业债、绿色中期票据(绿色债务融资工具)等。本文整理了这两大类绿色债券在污染防治行业中的应用。

1. 绿色金融债

通过整理我国金融学会绿色金融专业委员会的数据库中已有的绿色金融债数据，我们发现这些债的发行相对于其他项目，较少针对污染防治项目，大多数资金应用于绿色产业，或者全部用于绿金委发布的《绿色债券支持项目目录》中所涉及的项目，或指明是重点行业如节能环保、清洁能源、清洁交通行业。

2. 绿色公司债

绿色公司债是公司债券的一种特殊类型。它是指公司依照法定程序发行、约定在一定期限还本付息的有价证券，且募集资金主要用于支持绿色产业项目。这些绿色产业项目通常包括可再生能源（如太阳能、风能、水能、生物能等）、节能减排（如能源效率提升项目、工业节能减排技术改造等）、污染防治（如污水处理、大气污染治理、固体废弃物处理等）、生态保护和适应气候变化（如森林资源培育、湿地保护、海岸带修复等）等领域。

3. 绿色企业债

我国发行的非金融企业绿色债券，包含绿色企业债、绿色公司债和绿色中期票据三个品种。我国发行的绿色中期票据发行数量和规模与绿色公司债和企业债相比，相对较小。

依据人民银行《目录》一级分类划分，清洁能源、污染防治和清洁交通依次是绿色中期票据募集资金投向最多的三个行业。针对污染防治类项目的绿色中期票据，共计发行 55 亿元，占比超过了 30%。

从具体项目的投向看，非金融绿色债券在污染防治项目有近 90% 的资金投向污水处理和水环境综合治理，资金达到 166 亿元，占总发行量的 19.16%，成为占比最大的单类项目。

（二）绿色信贷

我国的绿色信贷体系将《绿色信贷指引》作为核心的纲领性文件，以绿色信贷统计制度和考核评价机制作为考核机制的两大基石。

通过银监会在绿色信贷新闻发布会上发布的我国绿色信贷投向分布图，投向工业节能节水环保项目的资金占 0.40%、垃圾处理及污染防治项目占 0.29%，投向自然保护、生态修复及灾害防控项目占总投资金的 0.22%，资源循环利用和农村及城市水项目紧随其后皆为 0.14%。

根据银监会披露的信息，国内 21 家主要银行绿色信贷余额达到 8.2 万亿元，同比增长了 12.9%，在各项贷款总余额中约占 10%。污染防治类项目虽然不是 21 家主要银行绿色信贷的主要投向项目，但是其资金占比在逐步上升，体现出污染防治项目在绿色信贷应用中的向好态势。

(三)绿色保险

绿色保险在污染防治项目主要以环境污染责任险作为实际应用,是借助市场手段来抑制和转移企业环境污染风险、保护污染受害者合法权益的商业保险,具有经济补偿和社会管理的双重职能。

我国的绿色保险获得快速发展,但在财产保险中的占比处于较低水平,还存在较大发展和完善的空间。我国主要保险公司在政府政策指引下陆续开展绿色保险业务,参与试点的保险产品从初期的4个发展到20余个。各家保险公司的保险产品差异化明显,其保障范围涵盖因污染损害遭受损失进行赔偿的费用、必要清污费用、合理施救费用、诉讼费调查取证费等相关必要费用。

我国绿色保险产品在保障金额、渐进性污染赔付、事前环保风险排查等方面有一定程度的创新。在推广绿色保险过程中,江苏、陕西、辽宁等省已逐步涉及风险评估,将企业内在的生产设施、管理措施等评价纳入指标,作为费率的调节系数。

四、小结

在环保领域,绿色金融发挥巨大作用仍然存在一些障碍。公共产品在环保行业占比较大,投资内生机制、回报机制和成本内生化这些问题长期没有得到合理的解决,决定了环保不是暴利或是盈利性很强的行业。我国绿色金融在污染防治行业的应用多为政府推动甚至强制推行,市场缺乏主动性和积极性。未来要深入发展绿色金融,加强其在污染防治项目的应用,应该创新绿色金融政策体系。

绿色金融体系覆盖七个基本领域:

一是大力发展绿色信贷;

二是推动绿色投资在证券市场的发展;

三是设立绿色发展基金,通过政府和社会资本合作(PPP)模式动员社会资本的介入;

四是发展绿色保险;

五是完善环境权益交易市场、丰富融资工具;

六是支持地方发展绿色金融;

七是推动开展绿色金融国际之间的合作。

发展绿色金融,首先应当明确其主体,即做到政府、企业、金融机构和中介机构“四位一体”各司其职。国家颁布了多项利好政策,企业应该紧跟绿色金融潮流,促进行业发展。绿色金融逐渐覆盖项目全周期,需要政府、企业、金融和中介结构四者共同努力,有效推进全方位、多层次的绿色金融体系,为进一步提升环境治理能力提供坚实的金融后盾。

第七章　绿色金融创新发展的路径研究

绿色寓意生机与活力，预示着创新与变革。绿色金融作为能源及环境市场与金融市场相互渗透与融合的产物，其本质是基于发展新能源和保护环境目的的创新性金融形态。一方面，金融助推绿色，通过发展绿色金融市场和绿色金融产品，推动低碳发展、循环发展，实现经济转型升级。另一方面，绿色巩固金融，主要是通过将自然资本引入金融决策，正确评估和处置由环境因素引起的系统性风险，从而维持金融系统的繁荣与稳定。

第一节　金融体系转型与变革

我国发展绿色金融的背景与条件有别于发达国家。首先，发达国家和发展中国家对绿色金融的定义存在差别。前者更关注气候，将未来的气候变化和相应的技术调整作为金融机构的主要风险因素。而在我国等发展中国家，绿色金融的着力点不仅应包括发达经济体所重点投入的清洁能源、低碳交通、能效建筑等领域，还应包括为产业结构调整、传统企业节能改造、环境污染治理等提供金融支持。由此可见，只要与节约化石能源的使用量、降低单位能耗与排放相关的金融活动都可纳入绿色金融的范畴。同时，我国的金融深化程度、信用环境等都有别于具有成熟金融体系的发达经济体。对于我国的金融体系而言，建立绿色金融体系并非对金融制度提出的额外要求，而是着眼于为满足健康蓬勃的实体经济发展提供长期融资，其形成演化的轨迹处于整个我国金融体制改革的核心位置。

一、绿色金融体系的完善需要直接融资市场的发展

我国由银行主导金融体系的格局并没有发生根本性变化。考虑到在债券市场、信托市场、影子银行市场等领域，银行直接或间接控制着资金的融通与交易，我国纯粹意义上的直接融资市场比重很低。如前文所述，绿色发展项目充满着技术、市场以及政策的不确定性，在间接融资方式下，受知识能力所限，若干银行客户经理以及信贷审批专家无法充分意识到这些领域所蕴含的收益和风险。因此，仅仅依靠绿色信

贷远不能满足绿色金融的发展需求。提高绿色金融体系经营、管理以及交易风险的能力，必须大力发展绿色股票、绿色债券、绿色衍生品等直接融资市场，让大量机构投资者、中介机构、风险投资人乃至互联网用户等主体贡献多角度的判断，借助市场的力量评价绿色项目的前景，实现对项目风险的准确定价，从而拓展金融服务的供给空间。

二、政府对绿色金融领域的引导应以市场力量为主

致力于经济转型的我国政府往往通过产业扶持政策、信贷窗口指导、地方融资平台等工具，直接干预绿色金融领域。对于过去处于后发追赶阶段的我国经济而言，政府干预的积极意义在于融资的规模大、速度快且期限长，支持了技术路径明确的基础设施、传统产业的跨越式发展。但在绿色发展阶段，我国在很多领域与全球一样处于技术前沿，政府对绿色项目创新前景并不具有信息优势。相反，直接干预所诱发的大规模、高速度且长期限的金融配置，更容易导致行业性的资金错配以及由此引发的系统性的金融风险（如近年来出现的光伏产业融资风险）。因此，我国政府对绿色金融的干预应更多地通过财政贴息、结构性准备金率、区别性风险资本权重、完善环保信息披露等市场化工具，引导绿色金融市场更好地发挥价格发现、信息甄别与风险管理的功能。

三、政府对绿色发展领域的担保要从隐性变为显性

我国政府对新能源等绿色发展项目采取了隐性担保的方式，表现为区域性金融风险爆发后的地方财政救助、行政性债务重组、“拉郎配”式的兼并收购。隐性担保固然能够解决一时的风险，但也中断了市场“创造性破坏”的机制，不利于绿色金融的可持续发展。不同于许多发达经济体，我国整个担保体系以商业性担保为主，追求盈利的商业性担保机构开展高息融资、违规放贷的现象十分普遍。政府对绿色发展项目的担保必须从隐性转向显性，在两个渠道发挥主导作用：一是发展政策性担保机构，每年安排一定比例的预算直接向从事绿色项目的企业提供担保；二是建立政府主导的绿色再担保体系，对绿色项目担保提供再担保服务，起到事前增信、事中分险和事后维稳的作用。

第二节　绿色金融创新发展策略

一、注重顶层设计

发展绿色金融，加大金融支持绿色产业发展和传统产业绿色改造的力度，服务于国家发展战略、经济结构升级、经济发展方式转变的大局，就必须从宏观层面进行把握；同时，加快发展绿色金融，还涉及多方面利益格局的调整，复杂程度高且难度大，尤其是需要全体利益相关者的集体行动，因此需要通盘考虑、系统谋划。

首先，绿色金融的发展以及绿色增长在很大程度上取决于良好的政策，也就是说，这些政策能有效解决市场失灵和准确定价问题。这意味着政府有关部门必须发挥积极的推动作用，营造良好的政策与社会环境，对绿色金融机构与业务予以政策优惠。不仅如此，有关部门还要继续出台一系列有利于绿色金融发展的法律法规制度，建立环保信息交流与共享平台，加大环评的广度、深度和执行力度；要进一步完善绿色金融监管体系，加快出台绿色金融项目认证规则，以差别化的监管和激励政策引导金融机构发展绿色金融业务。例如，放宽对绿色融资的风险敞口限制，允许符合条件的绿色融资更高的风险容忍度和更宽松的呆坏账核销政策等。

其次，仅仅有政府推动、财政投资显然是不够的，面对日益严峻的环境资源挑战，有效撬动私人投资，促使私人资本进入绿色投资领域也非常重要。从实践来看，由于新的市场必然存在一些不确定性和一系列可以感知的风险，私人投资进入绿色领域还存在较大的困难。在这种情况下，运用公共资金来解决主要风险，可以有效地吸引私人资本流入绿色基础设施项目。除此之外，潜在的解决方案还包括设计能源购买计划违约保险工具，为融资项目创设长期外汇套期保值工具、结构化担保基金以及信用违约掉期等。

最后，还要积极创造条件，让外部利益相关者和公司内部治理发挥对绿色金融机构的激励和约束作用。

总之，要努力做到举全社会之力，使盈利机会和市场变化成为推动绿色金融发展服务实体经济的强大驱动力，只有这样，以绿色金融创新推动实体经济发展才不会成为无水之源、无根之木。

二、注重市场创新

加快发展绿色金融并以此推动实体经济发展，要契合微观经济主体在不同发展阶段和不同发展水平的需求。比如可再生能源的融资链，在生命周期的不同阶段(初创期、成长初期、成长中后期、成熟期等)适用的金融产品存在着明显的差异；同时，由于缺乏绿色经济相关产业绩效的时间序列数据，金融机构的资产定价和借款人基于一定溢价水平的融资意愿会受到一定程度的负面影响。因此，要根据市场变化特别是微观经济主体的需求，前瞻性地把握顾客和市场特征，积极推进市场创新，包括绿色金融产品、工具和服务的创新等。

微观层面的绿色金融创新，其成功的关键在于能否有效地发掘和满足顾客需求。因此，必须准确把握顾客需求差异，不断改善金融资源在产业链低碳与高碳间的配置，积极探索碳基金理财产品、碳资产证券化、碳交易 CDS 等结构性金融工具创新，推广优先损失基金、主权风险保险、基于项目产出的弹性利率贷款等能够降低绿色投资风险的创新金融产品，将有限的金融资源用于支持清洁能源、节能环保、水资源、气候弹性农业、智能电网、低碳运输体系等绿色经济领域发展，从而提升对绿色经济增长的支持服务能力。在这方面，我国绿色金融的创新正在稳步推进。

要特别注意的一个问题就是绿色金融的持续发展问题。从根本上说，商业可持续性是发展绿色金融的基本前提。因此，发展绿色金融，还需要围绕商业可持续性进行、工具和产品的创新，促使绿色环保产业与金融机构业务转型之间形成良性互动关系。

三、注重借鉴国际经验

一方面，要学习借鉴国外金融机构绿色金融衍生产品的成功创新经验，挖掘基于清洁发展机制(Clean Development Mechanism，CDM)、碳排放权交易等国际绿色融资平台的创新空间。例如，优先损失基金、主权风险保险和基于项目回报的弹性利率贷款等绿色金融创新产品，可以有效发挥公共投资的杠杆作用，降低私人投资的风险。

另一方面，要积极参与国际绿色金融规则的制定，要从我国国情出发，制定符合我国现阶段实际的绿色金融标准，争取在全球绿色金融体系中拥有更大的话语权、参与权和主动权。

四、健全对绿色经济的促进机制

针对目前社会各界对绿色经济的认识，需要以绿色经济发展为导向来助推绿色金融发展的内动力。对于地方政府官员，不能再用 GDP 来衡量政绩，要改用绿色

GDP来评估。政府确定绿色经济的发展方向后，企业须坚定不移地遵守各项具体环保指标的硬性规定。大环境的良性互动，使得金融机构对绿色金融的发展信心满满，这时不再需要政府牵头、政策指引，金融机构本着自身利润最大化原则，有足够的内动力去发展、创新绿色金融。

(一)进一步完善金融市场，提高金融效率

第一，积极改善以银行为主体的单一融资结构，构建银行与金融市场平衡发展的金融体系结构。

第二，把银行的行政主体改为市场主体，把行政约束改为市场约束，在市场经济的有效运行下，充分调动金融资本的积极性。对于正规金融而言，要通过机制创新、改进服务、创新品种来适应市场变化；对于非正规金融而言，要通过产权的多元化和独立，引导和鼓励民间资本进入正规金融机构。

第三，推进金融业混业经营，提升金融产业的综合竞争力。

(二)健全绿色金融制度，完善相关标准

第一，完善绿色金融法律保障体系。虽然我国出台了一些有关绿色信贷、绿色保险的指引或指导意见，但没有形成完善、系统、具体的法律保障体系。要使绿色金融健康、良性地发展，必须尽快构建具有可操作性和可实施性的法律保障体系，使参与者的权利、义务和责任具体化，让绿色金融有法可依、有章可循。

第二，健全信息沟通机制。环保部门在环保核查和信息披露上要根据实际发展情况，建立完整的企业环境信息，避免由信息不对称引起的道德风险和逆向选择，从而降低风险。环保部门和金融机构要建立良好的沟通机制，金融机构要能通过环保部门获取有效的企业环境信息；同时，金融机构也要将最新的信息反馈至环保部门，使环保部门能够及时更新信息和处理相关问题。

第三，完善绿色金融市场体系。首先，需要银行、证券公司、保险机构、投资信托公司等各金融机构共同参与；其次，创新绿色金融产品，如发展绿色房地产类信贷产品、绿色汽车信贷产品、环境改造债券、气候衍生证券、绿色基金产品，环境污染责任险等；最后，建立高素质绿色金融专业队伍。我国才刚刚开展绿色金融业务，急需既懂环保又懂金融的人才，须加强对这类人才的培养。可以通过在金融机构挑选业务、学习能力强的骨干去国外学习绿色金融知识，或者由环保部门对其培训相关的环保法律法规，还可以聘请国外经验丰富的专业人才来指导、培训。

总之，在经济新常态背景下，必须着力推动绿色金融创新，加快发展绿色金融，调整优化融资结构，为实体经济的发展提供高效的金融服务。

第三节　绿色金融产品创新

一、我国银行业绿色信贷的管理与创新

在多年践行绿色信贷的过程中，我国部分商业银行已经探索并积累了大量开展绿色信贷的经验，将绿色信贷理念融入银行的信贷文化、发展战略、信贷政策、管理流程和产品创新等各个环节，形成了一套行之有效的绿色信贷建设和发展的长效机制。

（一）绿色信贷战略与目标

绿色信贷战略是从长期发展的战略高度，统一全集团对环境和社会风险的认识，制定全集团环境与社会风险管理相关政策以及配套措施的指导性原则。目前，我国的部分银行已经将绿色信贷战略融入企业的发展战略之中。

绿色信贷目标是战略的分解与细化，明确的目标将为绿色信贷工作的顺利推进以及实施绩效考核提供有效的制度保障。国内商业银行设置的绿色信贷发展目标与其业务指标密切相关。

（二）绿色信贷组织管理

绿色信贷关乎银行的发展战略和经营决策，需要董事会、管理层、基层分行自上而下的传导和践行。

董事会是银行经营的最高决策机构，在绿色信贷实施过程中，其承担的职责包括：推进全行绿色信贷理念与发展战略和经营管理的融合；审议和批准本行绿色信贷工作的重大事项，包括绿色信贷战略和目标、绿色信贷报告，评估全行绿色信贷发展战略执行情况，并向董事会提出相关建议；通过聘请第三方审计机构、委托内部审计（分）局等方式对环境和社会风险管理情况进行专项审计；加强监督，确保绿色信贷实施情况在高管人员和其他员工绩效考核中得到恰当体现。

高级管理层负责组织银行的经营管理活动，制订绿色信贷战略及目标，通过建立完善的工作机制，确立实施绿色信贷战略所需要的高层管理制度。高级管理层的管理职责主要有：制定绿色信贷发展战略，确立绿色信贷目标，明确职责分工，定期向董事会汇报绿色信贷战略实施情况及重要事项。

归口管理及协调部门是指银行中牵头及配合开展绿色信贷工作的部门。从国内银行的情况来看，绝大多数银行采用将绿色信贷工作嵌入现有工作流程的模式。因此，这项工作很难由一个部门来独立完成，需要公司业务、授信审批、风险管理、法律

事务、内控合规、办公室等相关条线的共同参与配合。归口部门主要牵头全行的绿色信贷工作，并协调各相关部门和机构开展绿色信贷工作。参与部门应在各银行自身的组织架构和工作机制、流程管理的基础上，在各自工作职能范围内按照本行战略方向促使绿色信贷落到实处；同时，就专业领域内的重大绿色信贷问题制订应对措施，并及时、完整地向高级管理层汇报；及时向牵头部门汇报绿色信贷工作重要事项与信息。

(三)绿色信贷政策

目前我国商业银行的绿色信贷政策主要包括两方面的内容。

1.准入政策

鼓励信贷支持资源节约、环境友好的项目和企业，如果客户及其重要关联方在建设、生产、经营活动中可能给环境和社会带来危害及相关风险，存在包括与能耗、污染、土地、健康、安全、移民安置、生态保护、气候变化等有关的环境与社会问题，则不予提供信贷支持。

2.退出政策

退出政策是银行实现信贷结构调整、加强高风险领域风险防控的重要措施。对存量客户和已发放的贷款，如项目和企业出现环保违法违规行为或环境和社会风险加大等情况，银行应积极采取措施加速信贷退出。

(四)绿色信贷分类管理

我国商业银行的绿色信贷分类管理，一般从行业、客户、项目等多个维度开展。

1.行业维度

按照行业维度进行绿色信贷分类，是相对简单易行的方式。银保监会发布的《绿色信贷实施情况关键评价指标》吸收借鉴了赤道原则的分类标准，结合了我国的实际国情，对A类、B类项目(客户)的行业做出了界定(即分别具有高、中级别的环境或社会风险)。

2.客户维度

交通银行根据银监会发布的《节能减排授信工作指导意见》中的指导原则，按照授信客户对环境的影响程度，对所有建立信贷关系的授信客户进行分类标识。标识分类为红色(环保风险)、黄色(环保关注和警示)、绿色(环保合格及以上)。招商银行对全部对公贷款进行了“四色”分类，即环保绿色贷款(环境友好型)、环保蓝色贷款(环保合格型)、环保黄色贷款(环保关注型)以及环保红色贷款(环保缺失型)，并运用贷款限额、风险权重以及经济资本占用比率等手段，不断增加环保绿色和环保蓝色贷款的比重。

3. 多重维度

考虑到目前业务多元化已成为很多企业的发展模式，企业的主营业务可能跨越多个行业领域，因此，部分银行采用了客户、项目相结合的多重维度进行分类管理。将绿色信贷分类嵌入银行流程管理过程，并提出了相应的绿色信贷分类管理要求。

(五)绿色信贷流程管理

目前，我国多家商业银行已经将环境风险因素纳入信贷管理流程，在客户准入、贷前调查、授信审批、合同签订、贷款支付及贷后管理等方面落实绿色信贷相关要求，将节能、环保、生态、安全与社会风险纳入客户及项目风险管理的重要评价内容，确保项目节能环保方面的合规性、完整性以及相关程序的合法性。

1. 尽职调查阶段

尽职调查阶段的环保与社会风险的调查与识别是银行防范风险的重中之重。该阶段环保及社会风险信息的收集和初步判断对于后续流程中的决策具有至关重要的作用。尽职调查阶段主要由客户经理或前台业务部门发起完成，但必要时还需要法律部门出具法律审查意见。尽职调查阶段的主要工作包括全面了解客户信息、进行绿色信贷分类、形成尽职调查报告、调查重点风险要点等。

2. 审查审批阶段

银行应根据客户面临的环境和社会风险的性质与程度，确定合理的授信审批流程和权限。除了审查客户的信用风险之外，还需关注环境和社会风险对其信用风险的影响程度，并依据总体风险的大小确定是否授信或授信额度，同时在贷款条件中落实风险释缓措施。对于潜在环境和社会风险较大的企业(项目)，即使经测算可给予授信或可给予较大的授信额度，银行也可基于自身的风险偏好，确定小于授信测算值的最终授信额度，甚至“一票否决”，不予授信。

3. 贷后管理阶段

贷后管理是银行整个信贷风险管理的重要环节，对能否按期收回本息有十分重要的作用。银行应采取综合措施，尤其要加强对环境敏感行业或存在重大潜在环境和社会风险客户的贷后管理。贷款发放后，银行应加强和当地环保部门、工信部、安全生产部门的沟通，了解分管企业的环保及安全生产情况，对存在较大环境和社会风险以及发生环境违法违规或重大安全生产事故事件的客户，应及时进行风险预警，并通知分支机构采取相应的风险处置措施。

(六)绿色信贷的创新

近年来,我国银行业对于绿色经济领域的支持力度不断加强,产品创新持续深化,风险管理持续加强,多家银行业金融机构积极开展绿色信贷创新,为推动我国经济转型做出了重要贡献。

(七)我国绿色信贷未来展望

1. 法律体系日渐完善,配套激励有望落地

为了激励银行业积极践行绿色信贷,将发行绿色信贷由“政策拉动”的公益活动变为“市场选择”的主动行为。目前,我国的政策制定机构正在致力于完善相关制度,有效激励银行业发行绿色信贷。在未来,绿色信贷专项的产业、财税、采购方面的鼓励政策有望出台,绿色信贷实施的法治环境将会持续改善。

2. 方法和工具不断创新,银行业开展绿色信贷的能力得到提升

压力测试、绿色评级和绿色指数等方法的不断推广为银行业金融机构管理绿色信贷提供了有效工具,银行业金融机构将有能力建立起科学、精确的企业绿色评级机制,对企业、行业、不同领域的公司进行有效的风险识别,同时发掘具有可持续发展潜力的价值客户予以支持。此外,随着绿色信贷理念与经营结合更加紧密,银行业金融机构将会建立起一支能够胜任环境与社会风险评估及授信审查工作的复合型团队,提高绿色信贷的独立评审能力。

3. 银行业金融机构将在完善绿色信息披露机制方面发挥作用

建立健全绿色信息披露机制,除了加强立法、制定统一的环境风险评估标准、强制性要求上市公司和发债企业披露环境信息外,还应当考虑让银行业金融机构参与进来,尤其是商业银行拥有广泛的客户资源,并在多年经营信贷中形成了一套完善的客户调查和审核流程,也有能力为建立健全我国绿色信息披露机制做出贡献。例如,我国工商银行致力于客户环境数据采集系统的开发,该数据系统由信贷经理获取企业环境数据并纳入工商银行大数据系统,工行可在其基础上研发相关指数产品,在保护客户经营信息安全的前提下,由银行向社会披露环境信息。

二、我国绿色基金的管理与创新

绿色金融是一个整体推进的系统工程,需要绿色基金、绿色信贷、绿色债券、绿色证券、绿色保险互相配合、共同发展。绿色基金在绿色金融推进中的重要作用在于,

它是其他绿色金融工具的基础和载体。

每种绿色金融工具都有其独特的优势，以适应不同的融资需求。但是，绿色信贷、绿色债券、绿色证券融资的起点都比较高，而我国很多绿色产业正处于起步和迅速成长阶段，还没有进入成熟期，很难运用绿色信贷、绿色债券、绿色证券的政策优势。绿色产业基金通过股权融资注入股本金，与绿色产业共进退、同成长，是正在起步和迅速成长的绿色产业亟须的绿色金融资金来源。

未来的二十年，是我国绿色产业发展的高峰期，各种新型绿色产业会不断出现，如环境第三方治理公司、合同能源管理公司、环境综合服务公司、生物智能公司等。随着全球生态环境问题解决的不断深化、环境科学工程技术的迅速发展以及生态环境治理和管理模式的不断创新，各种新型绿色实体经济将不断涌现，亟须通过培育壮大使其进入成熟期，这必然会产生对绿色产业基金的强烈需求。

另外，环境治理和绿色发展目标的实现，越来越需要各种产业的综合配合，特别是区域环境目标的实现。因此，基于绿色发展目标而构建的绿色区域 PPP 基金，就可以成为一种特定的融资平台，直接对应于具体的环境目标，通过产业结构重组来从源头治理环境。未来的环境管理发展趋势将以绩效管理为主导，以综合治理为模式，以政府行政长官统一监管为体制，而绿色区域 PPP 基金是支撑这种环境管理模式的重要金融平台。由此可见，在未来的发展过程中，绿色区域 PPP 基金将会发挥重要作用。

绿色风险投资基金是将资金引导至开展绿色项目但不具备上市资格的中小企业的金融工具。绿色风险投资基金多以股份的形式参与对绿色项目的投资，投资对象为存在较大市场风险的资源节约型企业和环境友好型的高新技术企业，在指导所投资企业尽快成熟并取得上市资格后，通过证券市场转让股权而获得资金增值，继续投向其他绿色风险项目。绿色风险投资基金符合绿色发展项目高风险的特征，无须风险企业的资产抵押担保，是一种以高资本收益降低外部性的金融工具。以世界资源研究所(The World Resources Institute)的新风险投资(New ventures)项目、气候变化资本集团(Climate Change Capital)等为代表的国际金融项目或机构，是绿色风险投资基金的主导者。

三、我国绿色保险的管理与创新

(一)对强制性环境责任保险的展望

我国当前处于环境风险爆发期，责任事故频发。当前及今后一段时间，我国环境污染责任保险必将在评估和分散环境污染风险方面扮演着重要的角色。

针对高污染和高风险行业，我国政府将继续开展强制型环境污染责任保险的试点工作，其他行业则采取鼓励引导开展环境责任保险的方式。开展强制性环境责任保险，需要对涉及的一系列技术问题和配套措施引起高度重视，这关系到环境责任险是否能够被市场广泛接受。

(1)建议由政府相关部门编制强制性环境责任保险实施名录，对强制性环境责任保险的行业进行充分论证并严格控制，主要包括名录的必要性、可行性。能够通过市场化解的环境风险可以不被列入强制性环境责任保险名录。

(2)建议中央政府在总结试点经验的基础上，逐步设立统一的环境污染责任保险业务承保机构或信息共享平台。目前依靠少数保险公司分兵作战的方式，在核定环境风险概率以及保险费率等方面存在明显的不足。国际上主要使用两种方法解决这个问题：一是美国，成立专门的环境责任保险公司承保所有环境责任保险业务；二是欧洲国家，设立保险公司环境责任保险联合体。

(3)加快一系列配套机制的完善。一是政府提供财政补贴、税收优惠或者其他盈利高的险种开办优惠条件，鼓励、扶持保险公司提供环境责任险。二是加快建立和完善环境污染损害鉴定评估机制，规范环境污染事故的责任认定和损害鉴定工作。三是提供激励手段，鼓励企业主动采取措施降低环境风险，如将风险评估结果与投保档次挂钩，将环境污染责任保险的投保情况与企业信贷资质评级、信用评定、信息公开、上市公司环保核查以及日常监管等联系起来。

(二)对气候保险的展望

(1)通过激励措施降低风险。通过提供奖励措施，减少直接和间接的灾害损失。

(2)耦合保险与降低风险。

(3)欧洲保险业巨头表示，大数据应用技术和气候变化给保险业发展带来了明显冲击，并已经成为影响行业发展前景的最大挑战。

四、碳金融产品创新

(一)碳指数

1. 中碳指数

为了及时、客观、具象地反映我国碳交易市场的运行趋势，北京环境交易所碳交易中心和北京绿色金融协会启动了我国碳交易市场指数研究工作。该指数被命名为“中碳指数”，即我国碳交易指数。中碳指数选取已经开市交易的碳排放权交易试点地区的碳排放配额线上成交均价作为样本，衡量样本地区在一定期间内整体市值的涨跌变化情况，综合考虑各碳交易试点的碳排放权配额总量、成交均价、成交量等参数，通过指数计算公式得出的数据，以及根据计算过程中所依据的不同参数和权重计算得出的一系列碳价指数，共同构成碳指数体系。中碳指数主要包括“碳市值指数”和“碳交易活跃度指数”两部分。

碳市值指数是在各碳交易试点的各自碳排放权配额既定的情况下，假设全部的配额量都入市交易，以碳价和配额量的乘积求出单个交易试点当日的碳市值。据此，将各个交易试点的碳市值求和得出单个交易日的碳市场总市值。再求出单个交易日的总体值与基期市值的比值(配额总量是不变量，碳价是变量)和基期指数的乘积，据此计算得出的指数曲线可以反映碳价这个唯一的变量在一定期间内较基期日的涨跌程度。总体上看，该指数可以综合反映碳交易现货价格走势，作为研究将来碳期货及衍生品价格的重要依据。

碳活跃度加权指数旨在反映各个交易试点在每日成交量和碳价不断变化的情况下，以碳价和成交量的乘积求出各交易试点的成交额，据此再将各个交易试点的成交额求和并通过在公式中加入权重后，求出单个交易日的成交总额和基期市值的比值以及基期指数的乘积。据此计算得出的指数曲线可以反映在一定期间内，基于碳价和成交量这两个变量的不断变化导致的碳市场整体交易较基期日之后所反映的交易活跃程度。

中碳指数的设立，能够为碳市场投资者、政策制定机构和研究机构提供决策和研究参考，进一步促进我国碳交易活动蓬勃有序发展。

2. 上证 180 碳效指数

上证 180 碳效率指数是国内首条基于碳效率的指数。与现有环保指数相比，该指数最大的特点是直接聚焦上市公司的碳排放。低碳排放的公司将获得更高的权重配置，这有利于将社会资金引导到绿色产业发展。

根据编制方案，上证 180 碳效率指数基于英国环境数据和咨询机构的碳效率数据，剔除 180 指数样本过去一年的碳单位足迹，即将每百万美元收入超过 1000 吨的股票作为指数样本。在加权方式上，在每个一级行业内，样本股的权重分配与其碳足迹的倒数成正比。碳效率高的上市公司将获得更高的权重配置。

在我国主要股票指数的构成中，传统的高耗能、高污染的重工业企业所占的比例较大，许多基金和机构投资者在做被动投资时会将同样比例的资金投入污染性行业。目前，环保、低碳、社会责任等相关的指数不足 20 个。国内的绿色指数和相应的主题基金的数量和规模还有很大的上升空间。

在气候和环境政策不断完善、执行力度继续加强、金融政策大力支持、全民高度关注环保的背景下，上证180碳效率指数的诞生可以说是我国绿色金融落地的一个重要体现。该指数可以帮助被动式的机构投资者在追踪基准股指的同时，高效地识别资源利用效率高的低碳行业和股票，降低投资中的间接碳风险，并提高机构投资者的绿色投资比重。另外，当更多的资金流向低碳高效的行业和产业时，可以帮助企业降低融资成本，激励企业在生产经营中不断改善其环境表现和信息披露，从而吸引更多的偏向绿色主题的资金，实现良性循环。

(二)碳掉期

设计的碳掉期主要交易环节如下。

(1)固定价交易：A、B双方同意，A方于合约结算日(例如：合约生效后6个月)以双方约定的固定价格P向乙方购买标的碳排放权。

(2)浮动价交易：A、B双方同意，B方于合约结算日以P浮价格向A方购买标的碳排放权。P浮与标的碳排放权在交易所的现货市场交易价格相挂钩。例如，P浮等于合约结算日之前20个交易日北京碳排放配额的公开交易平均价。

(3)差价结算：合约结算日，交易所根据P固和P浮之间的差价对交易结果进行结算。若P固〈P浮，则视多方A为盈利方，视空方B为亏损方，B向A支付资金＝(P浮—P固)×标的碳排放权；若P固〉P浮，则情况相反，视多方A为亏损方，视空方B为盈利方，A向B支付资金＝(P固—P浮)×标的碳排放权。

(4)保证金监管：交易所根据掉期合约的约定，向A、B双方收取初始保证金，并在合约期内根据现货市场价格的变化情况定期对保证金进行清算。交易所可根据清算结果，要求浮动亏损方补充维持保证金；若未按期补足，交易所有权进行强制平仓。

碳排放权场外掉期合约交易为碳市场交易参与人提供了一个防范价格风险、开展套期保值的手段，是碳金融领域的重要创新，也是对国务院《关于促进资本市场健康发展的若干意见》提出的“继续推出大宗资源性产品期货品种，发展商品期权、商品指数、碳排放权等交易工具，充分发挥期货市场价格发现和风险管理功能，增强期货市场服务实体经济的能力”内容的积极响应。一方面，它是交易双方主要根据合同法精神开展的场外非标准化交易活动，交易所只是为交易双方负责保证金监管与合约清算工作；另一方面，此类交易的活跃将为碳市场创造更大的流动性，并为未来开展碳期货等创新交易摸索经验。

此次场外掉期合约的签署，标志着北京碳排放权交易市场在碳金融产品创新方面又迈出了突破性的一步，实现了碳市场与金融市场的有机结合，是北京市碳排放权交易试点建设中的一个重要的里程碑。

(三)碳债券

随着我国碳交易启动，国内银行和企业都在积极探索碳债券等金融产品，中广核集团成为先行者，启动了国内首只碳债券的发行。

中广核发行的碳债券为5年期企业债券，债券募集资金将用于投资新建的风电项目。债券收益由固定收益和浮动收益两部分构成，固定收益与基准利率挂钩，以风电项目投资收益为保障，浮动收益与已完成投资的风电项目产生的核证自愿减排量(CCER)挂钩，从而形成碳资产收益。碳资产收益将参照兑付期的市场碳价，且对碳价设定了上下限区间，这部分核证自愿减排量将优先在深圳碳市场出售。由此，这只债券成为首只不同于传统企业债券的碳债券。

这只“绿色债券”，既是国内碳金融市场的突破性创新，也实现了国内碳交易市场发展及跨要素市场债券品种创新的双赢。

碳债券的推出填补了国内与碳市场相关的直接融资产品的空白，体现了金融市场对发展国内低碳金融的支持。发行碳债券的目的主要是通过碳资产与金融产品的嫁接，降低融资成本，实现融资工具的创新。首只碳债券的发行不仅拓宽了我国可再生能源项目的融资渠道，也提高了金融市场对碳资产和碳市场的认知度与接受度，有利于推动整个金融生态环境的改变，对于构建与低碳经济发展相适应的碳金融环境具有积极的促进作用。不管是风电、水电，还是光伏等新能源项目，要同碳债券挂钩，首先要能签发出CCER，其次是可以在碳交易市场交易。简单来说，只要能产生现金流，理论上均可复制。企业通过发行“碳债券”，将碳交易的经济收益与社会引领示范效应结合，降低企业及项目的综合融资成本，有利于企业进一步向其他新能源项目的建设投资。

(四)购融资

碳排放配额回购通过交易的方式，为企业提供短期资金的碳市场创新安排。

重点排放单位或其他配额持有者向碳排放权交易市场其他机构交易参与人出售配额，并约定在一定期限后按照约定价格回购所售配额，从而获得短期资金融通。配额持有者作为碳排放配额出让方，其他机构交易参与人作为碳排放配额受让方，双方签订回购协议，约定出售的配额数量、回购时间和回购价格等相关事宜。在整个交易结束后，履约企业账户的碳配额数量没有发生变化。

碳配额回购融资交易包括线上交易和线下交易两种。碳配额回购融资的业务优势包括：方式灵活，期限是几天至一年，利率低于其他渠道融资成本；仅使用碳配额作为交易标的，对企业其他资质没有过高要求；为履约企业提供简单、快速、可靠的融资渠道，使需要资金的重点排放企业获得新的融资渠道，盘活了碳资产；降低企业的融资成本，减轻实体企业的运营负担，提升节能减碳的积极性和主动性。

开展碳排放配额回购融资，不仅拓展了重点排放单位的融资渠道，盘活了碳资产，降低了融资成本，减轻了实体企业运营负担，提升了节能减碳的积极性和主动性，而且充分体现了碳排放配额的商品化和资产化属性，提升了社会对碳排放配额资产价值的认可，让金融创新能够更好地服务于节能减碳和实体经济发展。

第八章　绿色金融未来的发展方向与研究

纵观绿色金融市场中各参与主体(政府、企业、消费者、金融机构、第三方机构等),不难看出绿色金融市场仍主要由政府通过行政手段主导发展。政府以监管企业排放为主,税收歧视、定向采购、绿色信用担保、直接投资为辅,调动企业进行产业升级和绿色化的积极性,同时引导鼓励商业银行、投资银行等金融机构接受并主动开放绿色投资业务、绿色金融衍生品业务等,或直接设置行政性金融机构以发放绿色金融产品。

由于绿色产业化需额外成本,若无外界压力,企业没有激励自主参与绿色金融市场,对绿色金融业务或绿色化升级的参与意愿较低。多数企业仍是迫于政府的监管压力而被动进行整改,且在此过程中由于环保部门和企业间存在信息不对称,偷排漏排等躲避监管的污染行为频发。

此外,风险投资公司等金融机构单纯追逐项目投资回收期短、回报率高的项目,而忽视项目的潜在环境风险,提供融资等服务时大多不区分绿色项目与棕色项目。

而且,由于消费者对绿色金融产品的需求不足,除政策性金融机构外,金融机构所发放的绿色金融产品种类数量很少,难以满足企业进行绿色化升级的需求。由于消费者对环境保护的关心程度不足,多数消费者不区分绿色产品与高污染产品、绿色金融产品与非绿色金融产品,而是单一追求低廉价格或高收益率。但是,绿色(金融)产品往往是新进入市场的产品,用户基础薄弱,在规模经济上较其他产品居于劣势,价格往往较高,加之我国消费者对金融市场的参与度整体较低,因而只有少数环保意识很强的消费者会主动选择,这进而导致了绿色(金融)产品的竞争力的进一步削弱。

由于消费者和企业对环境保护漠不关心,第三方机构对消费者环保意识的促进作用、对企业环境污染行为的监督作用微乎甚微,以致虽然有很高的环境保护激励但是影响力很低,无法起到实际作用。

从绿色金融市场各参与主体的效用来源分析,消费者希望满足自己的物质和精神诉求,其中包括收入水平、消费水平、居住地的环境水平等要素,消费者的环境保护意识则取决于环境水平对他效用的贡献。在经典经济学模型中,企业的目的是利润最大化,即包含了营业成本、销售收入、融资难易等多种因素。其中,企业的销售收入与消费者的购买选择密切相关，融资情况受到金融机构对该金融产品供给的影响较大。金融机构作为特殊的企业，其目的同样是最大化利润，即金融机构的收入来源——金融产品交易量，取决于消费者对该金融产品的需求和认可度。关心环保问题的第三方机构着力于提升影响力，若消费者具有更高的环保意识，第三方机构将具有更大的社会话语权和更强的环境影响力。

总而言之，在消费者—企业—金融机构—第三方机构所构成的绿色金融体系中，如果消费者具有较高的环境保护意识、热心关注环境问题、谴责其他主体不利于环保的行为，一方面将扩大社会中生产绿色产品企业的销售和盈利，推动规模效应，实现绿色产品的廉价化并提升绿色企业在市场中的地位，而另一方面能够扩大消费者对绿色金融产品的需求，产生金融机构扩大绿色金融产品供给、开发新绿色金融产品的激励，在支持绿色企业进一步融资发展外为金融市场注入了新的驱动力、丰富金融产品的种类，在防范系统性风险的同时，促进金融市场的进一步发展。此外，消费者高度的环保意识能放大第三方环保机构影响力，使其对企业、金融机构的舆论监督力显著提升，成为针对污染行为的强大抑制力，充分发挥第三方机构的环境保护价值。由此可见，消费者的环保意识和参与激励是绿色金融自主发展的关键，未来绿色金融的发展机遇就在于此。

在我国，绿色金融的另一个重要参与主体是政府，其效用来源于其国民生活水平和国际影响力。前文已得出在消费者的环保意识驱动下的绿色金融市场的发展有利于实现社会最优，提升全社会的福利水平，所以政府需要培养消费者积极参与绿色金融市场。

由此我们可以预测，政府将在一段时间内以培养消费者环境意识为目标，继续以政府为主导发展绿色金融市场和环境保护产业，称为绿色化阶段；在消费者具有足够的环保意识后，政府将逐渐退出市场，以消费者的参与激励为主导令绿色金融市场自发运行直至绿色化成为整个金融市场的普世观念，称为去绿色化阶段。

第一节　绿色化阶段

一、绿色化阶段概述

在绿色金融发展的初级阶段，消费者、企业和商业金融机构均未形成环境友好的正向激励，因此需要政府在这一阶段中采取一系列措施，起到核心推动作用。具体体现在一方面加强监管，必要时继续执行强制行政手段，内部化金融市场各主体的非绿色化行为造成的外部性；同时通过发放实际货币补贴，鼓励上述经济个体的绿色行为，双管齐下推动金融行业乃至于社会整体的绿色化进程。

二、绿色化阶段交互分析

（一）政府与消费者的交互

在绿色化阶段，消费者效用函数中“绿色”行为的占比较低。其原因主要有二：

（1）从主观意愿来看，消费者普遍未形成环保意识，不会直接选择购买自己不熟悉、不信任且可能价格较高的环保产品，抑或采取可能对生活造成不便的绿色生活方式。

（2）从客观条件来看，由于上游产业信息不透明，国家为绿色产业的分级评分制度不完善，消费者无法区分绿色产品和非绿色产品，因而无法自主选择购买环保产品，抑或在金融市场上为绿色产业投资。

政府亟需进一步提高广大普通消费者的环保意识，调整其效用函数从重个人利益向重社会利益与责任倾斜，督促其在社会生活的各方面采取绿色生活方式、购买环保产品。

为了解决这一问题，吸取新出现的绿色金融全新技术载体（蚂蚁森林、深圳市绿色出行碳账户）的优秀经验，可以采取泛化的绿色账户方式，让政府为消费者广泛的绿色行为买单。这一“绿色账户”机制具体体现为：将普通消费者生活中的环保行为作为“货币”积累，政府定期依据个人的虚拟绿色货币积累量给予成比例兑换的实际货币补贴。

为了起到引导消费者形成全方位环保习惯的目的，设想中的“绿色账户”应比上述提到的现有技术载体囊括更广泛的内容，大致可以分为下列几个方面：

（1）绿色出行。包括使用公共交通工具出行的次数；购买新能源汽车的金额、出行次数等；

（2）绿色消费。包括在超市中购买已经认定的绿色、有机食品（土壤无公害）的金额；采取电子支付方式付款的次数与金额等；

（3）绿色投资。包括向银行等金融机构购买的绿色基金、债券项目的金额等；

（4）绿色公益。包括向致力于环保的公益机构捐款金额；参加义卖、义务捐献推动旧商品的二次利用等。

上述行为均可以根据权重转换为个人的“绿色货币”计入“绿色账户”中，由政府定期予以结算,以成比例货币补贴的形式返还给消费者,作为对其绿色行为的鼓励。长此以往,消费者逐渐将绿色的生活方式与消费行为内化为其效用函数的组成部分,对此种“绿色补贴”的依赖度逐渐降低,从而使得环保逐步成为其精神追求,社会整体朝着去绿色化阶段转型。

(二)政府与企业的交互

在绿色化阶段,部分企业仍采取传统高能耗、高污染的生产方式,以污染环境为代价追求商业利益。部分企业的决策者仍对创新企业绿色生产方式抱有顾虑,认为采取减排与其他绿色环保技术将极大地提高成本,从而使企业在市场价格竞争中处于不利地位。

针对这一现实情况,政府对企业层面绿色行为的促进措施主要可划分为“堵”与“疏”两方面。“堵”即利用传统行政手段对污染、高耗能企业进行惩罚,例如罚款、强制责令整改甚至于停工等。“疏”即一方面对创新绿色生产方式,高质量完成减排任务的企业提供政策优待、扶持与资金补贴,一方面通过市场机制设计,确定区域内环保目标(污染总量),引导企业自行达到节能减排的目的。在下一步绿色金融体系建设中,我国类似的污染治理市场机制需要在横向范围及纵向深度上都有进一步发展。

综上所述,推动区域、流域与全国环境整体协调发展需要扩大此类污染权交易市场的规模,使其不局限在单个省份、地级市乃至区县范围中,而是在污染严重的地区建立跨区域的大规模污染权交易市场,以期提升整个区域内的环境质量。然而,区域统整乃至于全国性的污染权交易市场的建立和实施在实际中仍困难重重,需要中央政府调整现有管理模式中的问题,各级政府协调、统整区域中的问题。具体将在本章下一节中进行详细阐述。

从纵向深度,也即污染权市场交易机制设计本身来看。在顶层设计方面,碳交易的部分试点省市出现了因政府机制设置不当而造成的配额发放过多,约束过松等问题。对包括碳排放交易市场在内的众多污染权交易机制而言,首先需要多方参与的科学顶层设计,考虑政府、学界、第三方组织共同参与市场的设计与评估,避免政府“一言堂”,导致市场作用无法发挥;同时通过多方协作,统一标准,制定科学的检测核算系统。地方政府在确定阶段减排目标时需要明确绿色化阶段的目的并非仅为污染控制,而是地方产业结构与企业生产方式向绿色、环保转型。因此在制定配额标准时需考虑到地方产业结构转型带来的影响,不能仅仅根据生态环境部下达的减排总量决定,而是需要依据成本效益分析,科学确定减排企业,进而基于减排企业的实际排放量制定总额削减量,最后采取行业统一的排污值绩效确定每个企业的年度配额标准。

在本阶段采取市场机制减排，推动绿色化发展时，政府仍需要采取一系列与其相适应的行政措施起辅助作用，例如加强对重点企业的监管督查，对仍超出排污限额的企业采取更严厉的惩罚措施等，以弥补市场初步建立时出现的问题。

（三）政府与国内外各级机构、组织的交互

国内政府与国外政府和国际组织形成的正反馈环可以细化为联合国—区域合作组织—中央政府—地方政府的序列。鉴于环境保护的特殊性，一方面，同一国家的不同地区，同一大洲的不同国家乃至于全球气候环境都具有整体性，各地环境牵一发动全身；另一方面，由于同一区域不同行政地域的经济发展水平不同，在环境保护中应承担共同而有区别的责任。面对不同的金融市场发展水平，各国绿色金融发展的侧重点不同，在未来面临的挑战也不尽相同。

1.联合国等政府间全球性国际合作组织

在本阶段，联合国等政府间全球性国际合作组织仍要从如下两个方面推动全球金融行业全面、平衡的绿色化进程。

其一，维护各国间达成的共同环境保护目标的稳定，为各国政府推动未来绿色金融行业的发展释放全球性的政策信号。联合国等其他政府间全球国际性合作组织应继续为形成国际环境治理新格局而推动成员国之间的深度对话与谈判，以期维护全球性的环境保护目标，引导各成员国制定本国阶段性发展目标，同时进一步深化、明确国际绿色金融行业基准，鼓励推动更多成员国参与，为资金在绿色金融体系内的全球流动提供制度保障，扫除因各国绿色债券、投资等审核标准不同造成的投资障碍。

其二，在实践手段层面，全球性国际合作组织主要应利用其国际融资能力与国际影响力为低收入成员国的环境保护项目提供多渠道资金来源支持，用金融手段引导全球环境治理均衡化发展。措施包括建立基金会，为各国尤其是发展中国家的可持续项目直接提供资金，或利用其国际影响力为欠发达地区的环境保护项目与旨在创新推动本国绿色化进程的私营企业提供融资担保与额外补贴，以刺激私人资本注入。

《京都议定书》过期后，为促进不同发展水平的国家共同达到减排目标而设立的清洁发展机制（Clean Development Mechanism，CDM）也随之失效。然而，CDM所倡导的建立全球性的市场机制以促进绿色投资资金从附录一国家（发达国家）向非附录一国家（发展中国家）流动，达成全球减排目标的方法仍值得在绿色化阶段得到进一步深入发展。同时，《巴黎协定》中提出了可持续发展机制（Sustainable Development Mechanism，SDM）的设想。

作为CDM的后继,SDM计划扩展CDM中的资金流向,使其不局限于从发达国家流向发展中国家,而是从全球视角出发,任何国家均可以通过向他国提供资金与技术支持获得经核准的减排量。除此之外,在SDM抑或其他后续机制中,“减排抵消额”应有更宽泛的应用领域。由于《京都议定书》与《巴黎协定》的限制,“减排抵消额”仅限于二氧化碳气体的排放。在绿色化阶段,核准减排量可以测算任何易测算与监控的全球性污染源。

2. 区域性合作组织

区域性合作组织在承接全球性组织制定的纲领性环保减排目标的同时,应基于区域发展特征作出适当调整,促进区域中政府、私营金融部门领导人、学界和社会人士之间的信息流动,扩大能力建设学习网络,引导绿色金融领域国家之间连贯一致、合作统筹的政策实施。区域性的多边开发银行,应继续发挥对区域内营利性金融市场的政策引导作用,在公共资本与私人资本之间搭建桥梁,并推动地区融资金融机制与工具的创新。各多边开发银行之间,特别是绿色金融机制与体系较完善的发达国家银行应加强与发展中国家地区的多边开发银行之间的深度交流与合作,从地区层面推动全球绿色金融体制框架的建设,促进国际绿色金融融资标准化,创新金融机制、产品的信息共享。

3. 我国中央政府与地方政府

在我国,中央政府需要履行国际环保承诺。在生态环境部制定统一减排目标的同时,因经济发展水平差异,不同地方政府的环保意愿差异明显,欠发达地区因迫于经济增长抑或官员考核“唯GDP论”的压力,对部分税收收入高、对地方GDP贡献大的“两高一剩”企业有较高的容忍度。因此,中央政府和地方政府需要设置合理的机制来降低政府层面的潜在阻力。

除此之外,我国政府的环境治理体系存在较大问题,鉴于经济发展和政绩的强大影响力,我国环境治理与立法在全局上呈现出“事件—应急”的短平快末端治理范式。中央制定的硬性环境法令、规定与减排目标在地方实际执行时遭到实为篡改的“变通”。条块分割的管理模式让层层细化下放的环保指标与实施细则在实际执行时完全取决于市县一级环保部门,这样低层次的环境治理常因为地方政府与企业基于经济利益的合谋而陷入停滞。各地方政府之间区域环境治理目标的差异使其无法对可能达成的协作机制中承担的责任达成共识。信息不对称、信任缺失等地方政府价值理念问题,地方经济发展不均衡引发的资源占有不均问题和现有“各管一段”的区域环境分割管理机制等导致我国跨行政区域间地方政府的环境治理协作碎片化。在执行时，由于上级政府过于原则性的宏观纲领而导致了实施过程中无法可依，措施五花八门、质量无法保证。以市县级为单位的环境治理体系无法与全国性的金融市场协同一致，进而难以用绿色金融手段满足流域、区域环境共同治理的需要。

因此，参考欧盟国家与美国的流域、区域治理经验，在制度设计层面，我国应树立从中央到地方的区域共治管理思路：由中央政府主导制度设计，鼓励区域中各级政府之间的协调，在充分激发地方绿色发展的内部驱动力的同时，为地方的绿色金融市场机制，特别是污染权排放市场制定一系列可执行的原则，并给地方政府因地制宜的政策实施留有余地。在制度实施层面，应由国家牵头，地方各部委参与设立区域环境保护协调委员会，为区域的污染权交易机制与绿色产业融资建立区域统一的环境检测评价体系和信息共享平台，扩大现有的总量控制的污染权市场机制的影响范围，鼓励各省在环境治理的各领域积极寻求横向合作，推动区域内整体绿色环保目标的达成。

4.我国对全球绿色金融市场的影响

随着环保意识在全球的兴起，绿色金融的国际市场规模发展迅速，各国金融机构之间为争夺这一市场，竞争日趋激烈。

若抓紧绿色金融市场的发展机遇，完善资本管制政策，使我国绿色产业分类与绿色债券评级制度与国外接轨，加强核心城市的金融配套基础设施建设，敦促培养国内投资者在投资行动上的绿色环保意识，使我国逐步成为区域中乃至于全球性的绿色产业融资中心与绿色债券发行中心，将会极大增强本国的国际贸易实力，扩大税收收入，提升国际影响。

(四)政府与金融机构的交互

下面简要细化一下在绿色化阶段，金融机构与企业投融资交互，也即绿色金融的业界参与部分内容。针对我国国情，我们认为对于较为普遍的绿色金融产品和服务，应有以下所示的改进与创新措施：

1.商业银行

对于商业银行，政府应在自愿的基础上推动各银行之间建立不仅仅局限于项目融资的其他可持续原则，还应该鼓励金融机构发放更多绿色贷款，积极采用创新型金融工具克服绿色项目的期限错配问题。中央与地方政府也应进一步探索通过利息补贴、转贷和贷款担保等机制，适当利用公共财政鼓励绿色增长。

2.绿色债券

对于绿色债券，政府应该鼓励金融机构重点需要建立完善的绿色债券指数和评级机制，降低风险溢价以及认证和信息披露的成本，在向国内投资人宣扬绿色债券优势的同时开放国际市场，鼓励境外资本跨境投资。

在金融市场开放的同时，我国也需做好应对开放带来金融风险的准备。例如开放绿色金融市场可能造成本国资金外逃，加剧汇率不稳定性，影响我国外汇储备乃至经济系统安全。另外，要防范外国资本过度注入导致本国金融活动对外资的过度依赖，进而使我国丧失金融市场的定价权与本国资本在金融市场上的话语权。

3. 绿色保险

应进一步扩展绿色保险的定义和范围，明确和细化绿色保险的分类，对于核心的环境污染责任保险评估机制进行重新设计，确保多方综合参与的综合磋商进程。

另一方面，保险涉及对环境气候风险的管理。在绿色化阶段，特别在保险行业应使用大数据技术对环境数据进行分析，以加强金融乃至于社会生产的各部门领域应对环境风险的能力。我们认为主要措施是建立一个以行业为主导、以用户为核心、以学界为主体的环境风险评估中心，提供学术界与行业间信息交换的窗口。该中心的作用并不是开展环境气候分析，而是开发工具和指标，将气候和环境数据产出整合到可在主流金融体系内使用的更广泛的风险建模框架中。

4. 一些共识——绿色金融评级与度量机制

在绿色化阶段，对我国绿色金融领域的各参与主体，为了进一步识别和评估绿色投资的进程与有效性，为去绿色化阶段全社会企业广泛披露可持续发展数据做准备，亟需由政府建立全国统一的绿色金融评级与度量机制。这一机制包括：

(1)对绿色金融流量与存量的评价指标体系。针对绿色金融领域的各金融产品与市场建立普遍的绿色金融指标，为政府评估绿色金融市场发展状况，进行政策评估打下基础。

(2)对绿色金融实施情况的绩效评估体系。政府应建立完善对金融机构及资本市场参与者是否在决策中履行可持续原则、在投资过程中进行环境风险评估等行为的“绿色绩效”评估机制。

(3)对绿色金融可能造成的社会、经济影响的评估体系。

第二节　去绿色化阶段

一、去绿色化阶段概述

在绿色化阶段，环境的成本和收益还没有被充分内生化，因而绿色投资通常被投资者认为是高风险的。相比于传统的、资源密集的、高污染的投资，绿色投资往往涉及更多的前期投资和更慢的回报速度。因此，在绿色金融逐渐起步的绿色化阶段，绿色投资对私人部门尚未显现出其独特吸引力，绿色投资通常是在政府部门的主导下进行，或者通过显式或隐式的补贴实现的。

随着电力技术和电力工业的发展，电能迅速推广应用于照明、电讯、城市交通运输和日常生活等各个领域。于是，对电的使用延续至今，成为司空见惯的事情。类似的，绿色金融发展到在这一阶段，开始逐步成为金融体系不可或缺的一部分，逐渐褪去其在绿色化阶段的特殊性，成为金融体系发展过程中的一种常态。这个阶段被称为去绿色化阶段。

我们预期在去绿色化阶段，从主观意愿上来看，随着绿色金融的逐步发展，消费者逐步形成较强的环保意识，在消费决策上体现为更愿意直接选择购买环保产品，在行动上体现为愿意采取更为绿色的生活方式。政府尝试逐步减少对绿色金融市场的干预，逐渐退出新兴的绿色金融市场；在这个阶段，绿色金融的发展主要依靠市场的主动行为而非政府的强制干预。

二、去绿色化阶段交互分析

(一)政府与企业的交互

在绿色化阶段，政府为绿色发展项目提供了隐性担保，反映出地方财政救济和行政债务重组，这样的隐式担保能够降低投资者的风险，但是也会切断市场的“创造性破坏”机制，阻止了合理的风险定价。这样一来，企业和银行倾向于发展出一种政府将作为最后的手段介入的预期，软预算约束就会成型，不利于绿色金融市场的可持续性发展和效率的提升。虽然一个有效的绿色金融体系仍然需要政府的支持，但是这种支持应当逐步从隐式转为显式。

1. 信用担保

在企业信用担保方面，政府对绿色企业的支持通过基于政策的信用担保机构和信用增级实现。信用担保具有保证绿色责任履行、信用增级、减少信息不对称、风险管理、降低市场交易成本的功能。通过专业化的绿色金融担保服务，政府可以调整金融机构对环境风险的认知，深化对与环境因素相关的金融风险的理解，完善定价机制，调整和不断健全将环境外部性内部化的机制体系，满足产业、能源和交通等主要领域的绿色投资需求。政府能够通过运用市场化手段，有效缓解绿色金融面临的环境外部性、期限错配、信息不对称、分析能力不足等问题。

2. 市场准入

在企业市场准入方面，政府应该实行严格的市场准入政策，为企业的市场准入设定合理的标准，正确量化企业的绿色程度，并根据绿色程度判断从事市场经营活动需要遵守的条件和程序规则。这样的政策标准适用于市场中的所有企业。通过这种方式，政府可以将绿色化阶段中在政策上对绿色企业提供支持的方式，逐步转变为对绿色程度不合要求的棕色企业的限制与约束。在保证绿色程度的要求的基础上，根据企业绿色程度的不同判断是否可以优先审批，使绿色程度更高的企业优先完成审批。

3. 信息披露

在企业信息披露方面，政府通过立法形式强化环境信息披露，建立一个高度透明的环境信息披露机制，要求企业披露环境资源的利用情况和环境污染的治理情况的详细信息，加强环境监督和信息核查能力，降低市场的信息不对称。这样的环境信息披露机制对所有企业都提出了要求，使得环境信息披露成为必须，进一步推动了去绿色化过程。

通过上述方式，将政府对绿色企业的支持由隐式转化为显式，能够提升绿色金融市场的效率，保证绿色金融市场的可持续性发展。

(二)企业与消费者的交互

随着法律法规的逐渐成熟，涉及环境风险的“两高一剩”行业将面临很大的风险，棕色企业要么在政策引导下逐步完成转型升级，要么逐渐被市场淘汰。由此一来，环境带来的外部性被成功内生化，绿色在企业和消费者的效用函数中都占据了更大的份额。

在去绿色化阶段初期，消费者的环保意识达到一定程度，绿色指标在其效用函数中起到一定作用，消费者愿意主动购买绿色产品。消费者的绿色行为将以绿色积分等形式体现，积分机制逐步完善，覆盖诸如绿色出行、绿色消费、绿色投资、绿色公益等多方面的绿色行为，绿色行为得到合理量化，积分机制更为合理。在消费者的配合下，政府节省下的对绿色企业的补贴、污染治理等支出可用于城乡垃圾处理设施建设、城镇污水处理设施建设、城市道路绿化、重点流域水污染治理、燃煤电厂烟气脱硫、医疗废物及危险废物处置、核与辐射安全工程、铬渣污染治理、重点流域水污染治理工程等环境改善项目。

而绿色企业本身也会在发展壮大的过程中产生规模经济效应，竞争优势稳步提升，同时绿色化的过程中产生的副产品也可考虑进一步使用，通过循环再利用做到零排放。绿色企业可以根据实际情况，选择性地扩大经营范围，增加产品种类，扩大范围经济效应。绿色企业通过规模经济和范围经济具备了远超棕色企业的竞争优势，在市场上良性发展，逐步取代棕色企业，改变市场上棕色企业占主导的局面。这样一来，绿色产品将成为市场上的主要产品。上述过程便如同新能源电动车推广应用的过程，新能源电动车初步推广时，市场中传统的以汽油燃烧为动力驱动的汽车占据主导地位。相比于加油站等基础设施建设的完善程度，充电基础设施建设刚刚起步，为数不多的充电基础设施属于公司内部财产，外部车辆很难享受充电的便捷，这在无形中影响了潜在消费者购买电动车的积极性。而如同加油站的饱和程度促进了燃油车的发展，充电设施理应达到相应的密度提升电动车社会保有量。

随着绿色金融体系的进一步发展，绿色观念深入人心，绿色产品逐渐成为消费者购买产品时的习惯性选择。同样，新进入市场的企业也会把产品绿色化视为必要任务。如此一来，去绿色化的进程又将向前推进一大步。

(三)企业、金融机构、消费者三者之间的交互

在第一阶段，我国的绿色融资主要是通过银行的绿色信贷，隐性地得到公共资金的支持和保障。虽然在“赶超”阶段，政府的干预使得快速的、大规模的融资成为可能，但是绿色项目涉及更为复杂的技术、市场和政策风险，并且没有一条清晰的技术路线。银行缺乏评估创新绿色项目所需的专业知识，而倾向于直接向国有企业或有担保企业提供贷款，这样一来，快速、大规模、长期的资金分配很容易导致行业层面的资金错配和随后的系统性金融风险。

而通过绿色资产、绿色债券和抵押贷款市场的发展直接融资，将会从机构投资者、中介机构和风险投资者那里获得更多样化的评估绿色项目的视角，加强风险定价，扩大金融服务供应。多视角的评估同时也避免了银行因为缺乏评估创新绿色项目所需的专业知识而造成的盲目借贷、拒绝借贷问题，使得绿色金融市场得以良性发展。因此，在政府前期的引导结束后，绿色金融市场应当自主承担价格发现、信息甄别、风险管理等任务。

在去绿色化阶段初期，消费者出于环保意识和绿色积分激励，储蓄时会更多地倾向于购买金融机构推出的绿色金融产品。但是随着绿色金融市场的发展壮大，诸如绿色债券、绿色保险等金融产品逐渐褪去其特殊性，绿色信贷项目转化为常规项目，绿色成为金融产品普遍具有的属性。在这种情况下，为棕色企业融资的不具备绿色属性的金融产品就会被投资者排斥，成为具有特殊性的金融产品。

同样的，在去绿色化阶段之初，银行和其他金融机构提供绿色信贷项目，在开展信贷资产质量压力测试时，将环境和社会风险作为重要的影响因素，并在资产配置和

内部定价中予以充分考虑。机构对环境高风险领域的贷款和资产风险敞口进行评估，定量分析风险敞口在未来各种情景下对金融机构可能带来的信用和市场风险的同时，为绿色企业的发展提供了助力，有效抑制了污染型企业的进入。

而当市场内的污染型企业减少到一定量后，绿色企业占据主导位置。如同政府与企业之间的交互，当绿色成为市场的主要力量时，去绿色化的过程就开始了。这时绿色信贷项目将逐渐转化为一种常规的存在，而不会因为其绿色的标签带有特殊性，绿色金融市场开始逐步去绿色化。

(四)企业与第三方机构的交互

企业的绿色程度需要由第三方机构进行评估，在绿色的前提下，应该对不同企业的绿色程度给出合理的量化评估准则。第三方企业为绿色企业提供审计，对其重大项目和财务收支进行事前和事后的审查。

1.信息获取

在信息获取方面，第三方机构构建企业环境信息基础数据库，建立企业环境信息的共享机制，尽可能地降低信息不对称。同时，第三方机构应当在政府和消费者的共同监督下运营，通过多方信息比较验证和信息的防篡改机制，保证信息的真实有效，防止第三方机构的审计合谋。

2.信息公开

在信息公开方面，第三方机构向政府和消费者提供绿色企业的信息，使政府和消费者具备甄别市场上的绿色企业和棕色企业的能力。同时，绿色程度更高的企业进入市场后，需要经历一定的成长阶段，而第三方机构提供的信息有助于绿色程度更高的企业更快地被消费者接受，具备快速发展壮大的能力。在去绿色化的阶段，仍然需要通过第三方机构维护市场中企业的绿色程度的评级信息，通过这种方式保证绿色金融市场的良性发展。

由于第三方机构对绿色企业的审计和评级对绿色企业本身有所助益，绿色企业有激励向第三方机构寻求审计，提供运转资金。

于是，由第三方机构向政府和消费者提供企业的绿色程度信息，政府和消费者获得信息，通过调整税收或者主动消费等行为对绿色程度不同的企业进行相应的反馈，绿色企业获得激励保持或增进已有的绿色化程度，并向第三方机构提供资金，使得第三方机构能够通过提供信息和接受审计委托形成多个正反馈环。

综上所述，在去绿色化阶段，多方交互逐渐改变在绿色化阶段的形式，绿色金融市场逐渐褪去其特殊性，成为金融体系的新常态。

第三节　未来绿色金融展望

一、绿色金融发展的主要障碍

过去几年,绿色金融虽然发展很快,但所占的金融业务的比例仍然很小,原因是绿色金融还面临着许多障碍。

一是绿色项目的环境外部性难以内生化。举个例子,一项清洁能源项目的效果是降低空气污染,周边三百公里之内的居民都能够因此受益。但这些受益的居民没有给这个项目付钱,所以这个项目的正外部性就没有被完全内生化,使得这个项目的收益率不是很高,很可能低于私营部门所要求的收益率。因此,私营部门不太愿意参与这种正外部性没有被内生化的绿色项目。

二是信息不对称。有些投资者想找到有明显环境效益的绿色企业进行投资,但问题在于缺少对相关企业和项目绿色程度的判断依据,因为这些企业往往不披露如二氧化碳、二氧化硫、污水等排放和能耗信息。如果有量化数据,资本市场就有能力识别哪些项目或者企业是深绿、哪些是浅绿、哪些是棕色、哪些是黑色的。另外,只有企业披露了这些数据,资本市场才能用各种方法对这些企业的环境效益或绿色表现进行评估、排序。还有一类重要的信息不对称是投资者不完全掌握绿色科技是否在商业上可行的信息。

三是期限错配。绿色产业很多是中长期项目,但我国的银行系统平均负债期限只有六个月,所以其能够提供中长期贷款的能力非常有限,这就制约了中长期绿色项目的融资能力。

四是金融机构缺乏对环境风险和机遇的分析能力。一些金融机构过低地估计对污染性行业的投资给自身可能带来的风险,从而为污染行业过度地提供贷款;另一方面又没有充分估计到投资绿色产业可能带来的长远好处,反而高估了这些绿色项目面临的风险,因此对绿色项目有过度的风险厌恶,不愿意投资。

五是绿色金融自身的一些问题。绿色金融的概念还没有被大多数金融机构真正了解和认可,绿色金融产品还处在不断开发与完善的过程中,现阶段为绿色产业发展提供的金融支持还比较有限。

绿色金融《指导意见》提出的35条措施,在很大程度上就是针对以上障碍所提出的改革。比如,《指导意见》提出了用再贷款、贴息、担保等手段来提高绿色项目的回报率,缓解外部性问题。再如,《指导意见》提出的对上市公司建立强制性环境信息披露制度,就是要解决信息不对称问题。另外,发展绿色债券市场、绿色基金等措施就是要解决期限错配的问题。只要将这些措施落实到位,并继续在相关领域创新,就有望持续改善绿色金融的发展环境。

二、绿色金融的核心与关键

绿色金融的核心技术是绿色标准的制定。关于绿色标准的定义,一定要更详细,一定要详细到对每一个产业采用不同技术有不同的定义。离开了技术标准,仅仅通过产业来定义绿色,会产生很可怕的结果。

例如,茶叶种植,在合理的种植技术下,应该是绿色产业,但如果没有采取好的种植技术,采取的是大面积茶海,因为树林的大量砍伐成茶海,鸟无法生存,就会导致虫害的蔓延,不得不加大农药的使用。密集的茶海,因为土壤营养失去了返还补充机制,土壤会日益贫瘠,为了保持茶海的产量,不得不增大化肥的使用。农药化肥使用量的急剧增加,就会导致土壤板结和毒化,蚯蚓等土壤生物减少。一些大面积的茶海,长期经营后,土壤板结退化,最后导致土壤生产能力急剧下降,变成寸草不生的土地。

所以,绿色标准离开了各行业的技术标准,而只是简单地以行业来划分,就是一个伪命题,会给经济带来灾难。

所谓生态,最大的理念就是适度,而怎样才是适度,是要通过行业技术标准来认定的。

适度的茶林与树林的间种共生,与自然生态相接近,采取这样种植技术的生态茶林才是绿色的,不然,茶海的大面积泛滥,就会导致鸟群越来越少,虫害越来越多,最后的结果是土壤大量板结荒芜。

再比如小水电,适度的小水电对偏远山区是福音,但过度,就会导致当地水生态的严重改变,甚至大量小河小溪改道消失,对当地生态是毁灭性打击。

离开了技术标准和适度技术概念,仅仅非常简单地划出行业,很容易让人们向某一行业大规模集中而不考虑采纳的技术,最终导致所谓的绿色行业把生态毁灭。

绿色金融,一定是生态环境与金融的交叉,绿色金融是手段,最终目标是要达到生态环境保护和生态文明建设目标。而生态环境,一定是有最优技术的概念。所谓最优技术,除了技术和经济双层可行的意义,还有最适度最环保的涵义。

因此,绿色标准的制定,一定不能为了简单快捷仅仅用行业来认定,一定要花更多的精力深入到各个行业的各类技术标准,这才能真正定义绿色。

我国发展绿色金融需要着力解决五个关键问题:一是构建国内统一、国际接轨的绿色金融标准体系;二是完善信息披露制度,为绿色金融标准落实提供基础和前提;三是健全激励约束机制,提高绿色金融的商业可持续性;四是根据绿色项目的需求,进行绿色金融创新;五是加强监管,防范绿色金融风险。"自上而下"的顶层设计与"自下而上"的基层探索有机结合是推动我国绿色金融发展的有效路径,绿色金融改革创新试验区正是两者结合的产物。

三、绿色金融发展保障

以上分析了绿色金融的运行模式,而这些模式的运行需要各方面的保障,下面从以下几个方面来进行分析。

(一)金融机构自身的保障

1.金融机构激励动力的分析

由前述分析可知,在没有其他条件的情况下,企业不会选择环境保护的生产方式,而当引入金融手段后,在一定的激励力度条件下,可促使企业积极进行环保。但是,金融机构毕竟不同于政府"服务功能多于盈利功能",而是一个盈利性机构,因此,金融机构有没有动力或者说有没有动机在金融信贷领域建立"环境准入门槛"这样一种金融手段呢?我们做如下分析:

首先,从静态一次性博弈角度进行分析。在静态博弈时的参与者是企业和金融机构,假设金融机构也是一个理性"经济人",在一次博弈中,金融机构的目的就是利润最大化。假如在一次性博弈中,金融机构对环保企业和不环保企业的激励无差异(相当于未设立环境的门槛值),对金融机构来说,不管企业是否进行环保,它的最优策略是进行激励,对企业来说,进行环保生产必然增加成本,使利润下降,即不环保收益大于环保收益;而且它又知道金融机构的最优策略就是进行激励。所以,它的最优策略就是不环保。那么这个博弈的纯策略纳什均衡就是(不环保,激励)。企业仍然不会进行环保生产。

其次,从长期来看,金融机构的生命周期远远长于企业的生命周期,一般企业的生命周期很难超过百年,而金融机构则不然。所以,金融机构看中的更是它的长远利益。从发展环境和发展趋势看,环保企业一定会得到多方的支持,无论是政府的政策、民众的形象度、融资的渠道等。可见,金融机构从一个选择环保企业得到的收益应该高于从不环保的企业得到的收益,因此,金融机构的最优策略应该是支持环保企业。这时，金融机构在制定政策上就会向环保企业偏移，导致环保企业的边际成本降低，从企业角度来看，成本下降，利益更高就会进一步促进企业进行环保。这种重复博弈最终会使（环保，激励）成为纯策略纳什均衡。

最后，除经济因素外，金融机构对环保企业的支持或激励也来自政府的发展性政策约束、来自金融机构维护自身公众形象的需要等。

2. 银行业发展绿色金融的意义分析

（1）银行业基于规避环境风险的战略需要发展绿色金融

应该说，银行业的环境意识比工业相对薄弱一些，其原因在于人们通常认为银行业不是产生环境污染的直接部门。但是，这并不是说银行业与环境污染没有关系。银行业的环境风险可以是直接的，即银行业本身的行为会产生环境问题（现实的或潜在的）；也可以是间接的，即借款人（企业）或其投资行为会对环境和生态资源产生影响，从而累及银行业，银行业的间接风险通常与贷款不当引起的环境经济损失相关。银行业为工业企业提供金融资本，目的是希望这些贷款能在一段时间后带来回报并收回本金，但借款人（企业）可能会面临违反环境法规造成的法律责任，会承担治理污染造成的经济责任，因而使银行业受到影响。这些风险主要是银行需要承担客户因环境问题失去还贷能力的风险、因客户的环境问题承担连带责任，以及因环境问题影响银行声誉等风险。

首先是信贷风险。当银行贷款客户的业务受减排成本的影响或环境规章变化影响时，信贷风险就会间接产生，虽然银行不对污染直接负责但却面临经济损失的后果。如为了达到符合新的排放标准而产生的费用，增加了企业成本甚至导致某些企业倒闭。此外，借款企业的环境行为也会对银行产生影响，包括：作为抵押资产的不动产污染、企业用地污染、生产过程环境污染、产品通过最终用户的使用对环境产生副作用、清除对土地和生产过程中产生污染的费用等，这些不良的环境行为会引起金融投资客户赢利能力下降，对企业利润及归还贷款产生压力，增加企业客户还贷风险，危及债务安全。

其次是法律风险。如果不遵守环境法规，银行会与其他公司一样，要为清除污染产生的费用或由于污染而产生的索赔负直接贷款者责任，面临法律风险。有的国家还规定，如果银行贷款给某公司或项目引发了环境问题，则贷款者要承担消除污染的责任。此外，金融机构还要为所提供贷款或融资的公司造成的破坏环境的行为承担声誉风险。相反，如果银行业制定规避环境风险的战略，识别和重视环境风险，则会形成一系列竞争优势：首先，通过节约使用能源和环境友好型产品以及物质的循环利用可减少运营成本。其次，使由于环境问题引发的客户贷款风险最小化。第三，环境风险的存在扩大了经营产品范围，比如商业道德基金、环境咨询、可持续发展项目融资、绿色贷款等。环保产业的发展也为金融业带来了发展机遇，减排费用、环境友好技术的投资需求，对于银行业或资本市场而言，无疑都是提供融资资金的机会。随着企业排污权交易的增加，金融机构可在排放证买卖交易双方中充当中间机构。另外，金融机构通过使用绿色金融手段，唤醒公众环境意识，从而获得经济和形象的收益。

(2)银行贷款投向的不合理需要发展绿色金融

在缺乏明确的国家信贷政策引导的情况下，自主经营的商业银行常常会表现出追求短期经济效益的倾向，即将贷款投向见效快的项目。更为重要的是，大量的银行贷款被用于高污染、高耗能的项目，由此可见我国银行贷款投向相对不够合理，因而需要推行绿色金融。

(二)外部机构提供的保障

近年来，世界经济正处于持续快速发展阶段，城市化和工业化的进程不断加快，随之而来的是越来越严重的环境问题。环境的恶化迫使经济和社会面临严峻的挑战，影响到各行各业的持续健康发展，金融业也不例外。与此同时，全球的金融市场也在经历着从繁荣到危机的变化。金融市场的动荡不安给全球经济的持续发展带来了潜在的威胁，也引起了人们对金融发展模式的重新思考。通过国家的各种变革，逐渐酝酿了金融市场与环保产业越来越多的互动，为环保产业与金融业在新形势下的拓展指明了方向。我们知道，环境保护问题牵扯多方利益，多方利益主体通过两两博弈和多方博弈，形成了我国特有的绿色金融运行市场，在这一逐渐完善和发展的市场中我们需要建立起具有我国特色的绿色金融运行模式，积极推动金融市场与环保产业的结合，积极通过经济杠杆引导环保的社会之风。

1. 完善环境法制与环境监管机制

经过以上的博弈分析可以看出中央政府由于所处政治地位的独特性，必须代表全体人民的利益来治理和监督各级机关单位的环保行为，所以中央政府应以规范绿色金融市场建设为自己的根本任务，以此为出发点来达到调控绿色金融发展的总体目标。

(1)完善环境法规体系，使企业和各利益主体的环境违法行为有法可治

在立法上，真正确立环境优先的原则，经济发展应满足环境保护的要求，而不是环境保护让步于经济发展；在体系上，对企业原材料供应、生产全过程、产品销售、使用、废弃和处理等一切可能产生污染的来源或行为进行法律约束，建立起以《中华人

民共和国环境保护法》为核心的比较完整的环境法规体系；在执法上，应淡化部门痕迹，理顺执法体制，强调环境保护是全社会共同的职责，加强执法力度，提高执法效率。

(2)加大监督惩戒力度，使企业、政府官员环境违法行为增加成本

目前，我国企业环境违法行为的惩戒手段比较单一，主要是罚款，而且罚款的额度普遍较低，企业"守法不如违法，小违法不如大违法"。以《中华人民共和国大气污染防治法》为例，该法第60条规定，新建的采煤属于高硫分、高灰分的煤矿，不按照国家有关规定建设配套的煤炭洗选设施的，可以处2万元以上20万元以下罚款，而要按规定建设煤炭洗选设施，征地加购买设备就需要数百万元。显然，违法比守法划算。因此，要使企业承担应负的环境责任，必须提高环境违法成本，尤其是其破坏环境后的金融成本，取消单纯的罚款机制，变为多元惩罚机制，重点在企业投融资方面设置环境保护的门槛，因造成环境恶化带来多少经济损失就相应的在企业金融方面增加多少成本，使处罚的力度高于环境违法所得，这样才能发挥经济处罚的威慑作用。此外，对造成严重经济社会危害的企业环境违法行为，不能仅对企业本身来惩戒，还需要对主要负责人采取金融惩罚与冻结等手段。

2.合理引导和定位地方政府的双重角色

地方政府在环保问题上是具有双重角色特点的，既是中央环保政策和规定的执行者与监督者，也有可能演变为与地方企业进行合谋的地方主义保护者，这种双重的决策执行者身份使得地方政府在行为决策上就会产生分裂和前后不一致，这样既不利于环保产业与绿色金融的推广，也有损于政府在公众中的权威与正面形象。

(1)在现有的中央—地方政府框架内引导和定位地方政府

在现有环境管理体制框架内，主要影响地方政府在双重角色中摇摆的根本原因之一还在于中央政府与地方政府的委托代理关系。中央政府是委托人，地方政府是代理人。地方政府向中央政府负责，中央政府按照获取的地方政府的政绩信息提拔、选用地方政府官员。而为了获取更多的环境信息，并贯彻其环境保护政策，中央政府在短期内可以增加地方生态环境部门的独立性，并赋予更多的经济金融指导权利，通过此项措施来引导地方政府的行为。目前，我国地方政府在同级(或下级)地方生态环境部门领导人的任免上有很大的发言权，地方生态环境部门是同级地方政府的下属部门，由于这种隶属关系，地方生态环境部门往往难以顶住地方政府官员的压力去认真执行中央政府的各项环境政策、法规，并向上真实、准确地汇报环境质量信息。若中央政府将地方生态环境部门从地方政府中独立出来，实行垂直的人事和业务管

理，并赋予一定的经济金融权利，将有助于减少中央政府和地方政府之间信息不对称的状况，迫使地方政府认真执行中央政府的环境保护政策。这实质上是政府内部在环境保护问题上的管理权力的重新划分，中央政府拥有更多的环境管理和指导权，承担更多的环境保护责任，并通过支付更多的环境管理成本来改善与地方政府之间环境信息不对称的状况，但这种方式成本较高。因为，中央政府的比较优势是宏观领域的环境管理，垂直管理将使中央政府承担更多微观领域中具体的环境管理事务。在目前环境形势严峻、环境污染日益加剧的情况下，短期内中央政府可以不计管理成本，通过垂直管理的方式有效地遏止环境质量持续恶化的趋势，部分缓解我国环境承载能力下降的窘境。因此，在现有的中央—地方政府环境管理模式框架内，通过实行地方生态环境部门的垂直管理，解决经济增长和环境保护之间的矛盾在较短时期内具有积极意义。

(2)改变现有的中央—地方政府管理框架，公众加入委托人角色

中央政府提供追求均衡经济增长激励的关键是降低环境信息观测成本，其实质是降低信息成本，以较低的成本就可以解决中央与地方政府之间信息不对称的状态，这需要新的环境管理运行模式。新的环境管理模式是打破环境保护中仅在中央—地方政府之间的分权和集权、监管和被监管关系，公众作为第三方进入环境治理模式，公众和中央政府共同分享委托权。与中央政府相比，公众对于本地的环境信息掌握的更全面和准确，在地方政府环境保护上的努力水平问题上，公众拥有天然的信息优势。公众作为委托人与地方政府之间的信息不对称的状况远好于中央政府和地方政府之间的不对称状况。

因此引入公众作为共同委托人，可以有效解决信息不对称的状态，从而降低环境信息观测成本。中央政府向地方政府提供追求均衡增长的激励合同，同时考核其经济和环境政绩。公众作为共同委托人拥有决策权，与中央政府共同裁定地方政府的环境保护绩效。由于公众的加入，中央政府的信息劣势得以扭转，信息成本迅速降低，从而可以向地方政府提供追求均衡增长的激励合同。地方政府由于公众的有效约束，不再享有环境方面的信息优势，同时面对激励合同，其最优行为就是追求均衡增长。

(三)鼓励金融机构积极发展绿色金融

企业作为一个“经济人”，追求利润是其发展的最根本目的，而在现代工业产业体系下，尤其在我国大多数地区还处于工业化阶段的重要关键时期，企业对于自身经济的成长性就会非常重视，而对于外在发展环境的破坏也就会越发忽视，而金融机构通

过经济行为的调节正可以起到政府的政策措施在环境保护问题上无法达到的作用。

1. 实施投资主体多元化，努力促成融资格局多样化

在绿色金融领域，应该首先关注融资的源头——环境投资主体。绿色金融体系创新很重要的一点就是要创造良好的投融资环境和巨大的投融资市场，以吸引和形成更为多元化、社会化的绿色金融资金来源，即开拓多元化的投融资主体。除了传统的投融资主体——政府以外，多元化的绿色金融投融资主体还应该包括本国企业、社会公众和国外投资主体。本国企业和社会公众除了直接投资外，还可以通过采取间接方式成为绿色金融的投资主体。把国外投资者作为我国绿色金融的一种投资主体，有其客观性和重要性。因为，在未来 15 年，全世界对绿色工程贷款的投资银行数量将增加 2 倍，这些资金将把环境保护项目作为贷款直接投资优先考虑的重点。因此，努力争取国外投资者参与到我国绿色金融中来就显得尤为重要。

当绿色金融产品推广后，不管其原始投资发起者是政府、企业，还是社会公众或是外国投资者，这些企业可以采用融资方式。表明，由政府主导的公益性环保金融产品的融资方式除了政府的财政支出和国债投入外，还可以采用社保基金、国际信贷和新型融资方式 BOT、ABS 等融资方式。由私人主导的经营性环保金融产品的融资方式在获取创始人的原始投资后，可以通过发行企业债券、银行贷款、私人募集等方式进行融资；一些经营较好、规模较大的绿色金融产品甚至可以争取整合打包上市，通过股票市场进行再融资。这样，在整个绿色金融领域中多种投融资方式的串并联，共同形成了一个十分齐全的、多样化的投融资格局。

2. 构建多赢的绿色金融业务模式

现阶段，我国商业银行除了加强与政府主管部门、行业协会的合作，以获得更多客户和项目外，还可尝试与公用事业公司、能效设备供应商和国际碳减排量买家等合作，建立多赢的业务模式。

(1)与公用事业公司合作

商业银行与能源公用事业单位结成合作伙伴关系可为碳金融发展提供一个业务平台。在这种合作关系中，公用事业单位可以有效地发挥代理人和汇总人的作用。这种合作模式是多赢的，对公用事业单位来说：它有利于企事业单位通过融资使用清洁能源节省能源费用；它有利于公用事业公司扩大市场，提高盈利能力。对银行而言：它可通过公用事业公司了解更多借款人信息，并可通过公用事业公司节能项目经验，部分解决技术不确定性、信息不对称问题，利于贷款项目判断和审核；银行可通过公用事业公司获得贷款项目，扩大营销渠道；有利于银行为贷款提供信用增级措施。

如通过与公用事业公司合作，在企业恶意欠贷时，银行可通过公用事业公司暂停对企业提供能源等手段，追缴银行贷款，降低信用风险。

(2)与能效设备供应商的合作

能效设备在新建项目节能、节能技改项目中不可或缺。能效设备多种多样，且技术性强，银行启动能效设备融资项目，需要与设备供应商或中间机构合作。银行与设备供应商合作也是一种多赢的模式。商业银行为能效项目的实施、能效设备销售和采购提供融资，在开发碳金融业务的同时，促进了供应商能效设备的销售。设备采购企业通过能效设备的使用，达到了节能减排的效果，取得了相应的经济效益和社会效益。

我国商业银行通过与这些跨国公司的合作，也有利于学习国际能效设备融资的新模式。

(3)与国际碳减排量买家的合作

大部分企业节能减排项目最终的节能效果都能折算成标准煤的节约以及二氧化碳或其他温室气体的减排，这与国际碳买家的目标客户具有较大的一致性。但是，国际碳买家对单个项目的碳减排量设定下限的做法，影响了我国商业银行与它们的合作空间。只有与碳减排量符合国际买家标准下限要求的碳金融目标客户的合作，商业银行的融资才能获得新的、稳定的还款现金流。在这种有限的空间之内，我国商业银行与国际碳买家可以在两个方面进行合作：一是互相推荐项目。双方可在碳排放权购买和项目贷款上支持同一项目。二是碳减排交易资金管理。我国商业银行认可碳交易实现的收入作为贷款的还款来源，为客户提供融资，促成碳减排交易的顺利实施。而国际碳减排买家则将碳减排购买资金在商业银行账户系统存放并及时支付。此外，我国商业银行也可努力尝试先为中小企业客户提供碳额度交易咨询和服务，在条件成熟时对多家中小企业减少碳排放产生的碳额度进行汇集，并组合打包，形成较大的减排量，协助客户统一对外交易，取得应有的经济效益。

(4)与能源服务公司的合作

能源服务公司可以实施的节能项目遍布建筑、工业、交通各个领域，包括锅炉改造、供热管网改造、余热利用和余压发电、燃气发电、绿色照明、中央空调(蓄冷、蓄热)、电网优化、电机推动系统改造(变频改造等)、生产工艺过程优化、热泵技术等。它的实质是一种以减少的能源费用支付节能项目全部成本的节能投资方式。

基于EPC这种市场运作机制，能源服务市场常用以下三种合同类型：

第一，节能效益分享型。能源服务公司为用户提供一揽子服务，项目由能源服务公司融资建设，合同期内设备所有权归能源服务公司。合同期内能源服务公司根据实际节能量与客户分享节能效益，合同结束后设备的所有权和全部的节能效益全部归用户所有。合同还可约定项目产生的其他效益在分享之列。

第二，节能量保证型。能源服务公司提供一揽子技术服务，并保证达到节能量目标。项目由用户自行融资，能源服务公司可提供帮助。实际节能量未达到能源服务公司所保证的节能量时，由能源服务公司赔付未达到的能源量和其他直接经济损失；超额节约时，按约定的比例分享。

第三，能源费用托管型。客户把能源系统委托给能源服务公司建设、运营，包括系统改造，日常运行。客户向能源服务公司缴付托管费用，由能源服务公司支付能源费用和R常运行费用。能源服务公司的收益来源于能源效率提高后的节能经济效益，即托管费用的结余。

能源服务的三种合同类型决定了能源服务公司与商业银行合作的三种模式。

3.建立合理完整的绿色金融产品设计原则与框架

完整的绿色金融产品设计的原则与框架至少应包含如下内容：①产品定义、设计依据及相关原则；②基线的确定；③绿色金融产品的分配、定价方法；④产品的验证、确认程序；⑤产品的贮存、清算、交割等相关机制与规则。针对我国建立绿色金融市场的实际需求，按照上述原则框架，对绿色金融产品的设计要点进行研究。

(1)绿色金融产品设计的原则

设计绿色金融产品的首要问题是确定产品设计的依据，主要是基于以下两个原则，配额与信用。

信用(也称作补偿)是排放源在其规定的排放削减量之外的额外减排量。这个额外的减排量就是可以在市场上出售的信用。配额是总量交易系统中承诺(或要求符合)的单位，受管制的排放源允许相互之间或与非管制源自由交易配额，前提是于每期末其指定账户上必须有足够的配额以覆盖相应期限内的排放量，因此，总的配额数量规定了受管制的排放源在管制期内可排放总量的上限(IETA)。

目前国际上气候变化领域的交易机制主要分为三类，即联合国气候变化框架公约下的清洁发展机制(CDM)、欧盟排放交易计划(EUETS)，以及美国芝加哥排放交易所(CCX)，这三种机制对应三种不同的制度安排。CDM是依据UNFCCC框架下《京都议定书》的履约义务，国家(主要是包括欧盟在内的发达国家)实现温室气体减排成本最小化而建立的机制，CDM只能在国家与国家(主要是发展中国家)之间进行交易；EUETS是欧盟为了实现《京都议定书》减排义务成本最小化，按欧盟指令建立的跨欧盟的温室气体排放交易体系，其执行由具有法律约束力的欧盟指令予以保证。

CDM作为一种双边机制，由于其自身性质的限制以及实施过程中存在的问题，不可能作为一个国家建立绿色金融市场机制模式;EUETS规定了欧盟成员国内部不同排放主体之间的交易,是跨欧盟的交易体系,同时具有法律的强制约束力,对于一国之内建立绿色金融市场具有较好的借鉴意义;CCX则是美国国内相关市场参与主体以合同强制力为约束的一种交易体系,是典型的自愿性排放交易机制,CCX的成功则在于美国本身具有完善的市场法律基础以及成熟的自由市场体制。三者都采用了总量交易的思想,由于不同的法律环境与制度背景,相关交易产品的设计采用了不同的原则与方法。CDM与CCX由于减排义务的履行地与减排的实际发生地并不一致,二者都采用了信用的方法来规定绿色金融产品。EUETS则采用了配额的概念,这是由于欧盟是气候变化的积极倡导者,并追求管辖区域内的真实减排,同时对于所辖各成员国具有很强的法律强制力,因此,以配额方式确定绿色金融产品具有现实的合理性。

我国建立气候变化绿色金融市场的目标是解决三个关键问题:节能减排、环境资源管理,以及应对气候变化。除CDM外,EUETS以及CCX运行的外部条件目前尚难以实现。近年来,我国政府把节能减排作为重要的发展规划予以实施,针对应对气候变化提出了各时期的指导要求,这些规定具有很强的行政约束力。因此,以法律强制确立节能减排的市场机制已具备现实可行性,采取配额的方式设计绿色金融产品比其他方式更加接近现实需要,也有利于减排目标的实现。

(2)绿色金融产品设计的依据与选择

以温室气体排放配额的形式设计绿色金融产品,尚未存在全球公认的相关认可机构、程序与方法。目前能成为可交易绿色金融产品的温室气体数量主要指实际的减排量,也可以指避免潜在的排放量。以配额为原则进行产品的设计时,可交易的绿色金融产品是经权威机构认可的可允许排放温室气体数量。

设计绿色金融产品相当于创造新的社会财富,按总量一交易思想设计绿色金融产品的首要问题是排放或减排总量的确定。目前主要有两方面的依据:一是,国际公约规定的义务,这是欧洲等发达国家建立温室气体排放交易市场时产品设计的主要依据;二是,依据自身环境资源管理以及应对气候变化的政策需要,确定的排放或减排总量。绿色金融产品的单位都为1吨CO_2等价物(CO_2e)。其他温室气体的减排量可以按GWP(全球变暖指数)进行换算。

由于我国目前并不承担约束性的温室气体减排义务,设计与选择的依据可以根据自我认定的减排目标,如按各阶段国民经济与社会发展规划中规定的节能减排约束性指标为依据,计算相应的温室气体排放总量,并以此为基础,进行绿色金融产品的设计。

(3)基线确定

基线是确定地区、行业企业/装置温室气体排放状况，从而据以分配绿色金融产品的重要依据。

行业的合理划分是基线确定的前提。原则上应把具有类似性质及技术水平的燃烧装置的企业划分到同一行业，并考虑行业或企业不同发展潜力等市场因素。

确定基线应考虑法律法规要求、行业最佳适用技术标准等因素。达到法律法规要求是最低标准，为保证技术水平不同的同类企业在排放现状确认以及产品分配时处于基本公平的起点上，应研究并制定行业最佳适用技术导则与规范。

(4)额外性

根据 UNFCCC 的定义，额外性是指 CDM 项目活动所产生的减排量相对于基准线是额外的，即这种项目活动在没有 CDM 支持时，存在诸如财务、技术、融资、风险和人才方面的竞争劣势和/或障碍因素，靠国内条件难以实现，因而该项目的减排量在没有 CDM 时就难以产生。反言之，如果某项目活动在没有 CDM 的情况下能够进行正常商业运行，它已经成为基准线的组成部分，那么相对该基准线就无减排量可言，也无减排量的额外性可言。

尽管额外性是 CDM 中的一项规定，但目前世界上已着手建立的温室气体排放交易机制，都借鉴了 CDM 额外性的思想，额外性规定的设计可以保证温室气体的真实性减排，为绿色金融产品设计奠定了真实的环境与经济基础，而非只是设计纯粹用于交易目的的绿色金融产品。

我国建立绿色金融市场既然担负着节能减排与应对气候变化的双重使命，必然要求实现温室气体的实质性减排，额外性成为产品设计的必然要求。额外性要求考虑相关的环境资源以及气候变化领域的法律法规、政策、经济以及技术等因素。

(5)能源增长预测

通过基线确定行业企业排放量仅是确定了过去和现在的排放状况，但是随着经济的发展，不同行业企业的能源消耗总量必然会随之增加，与之相对应，温室气体的排放量必将随之增长。气候变化绿色金融产品的设计必须考虑该因素。

建立能源消耗增长预测模型应基于科学而非传统的行业分类，根据不同行业的经济发展预测，考虑法律、技术进步以及市场竞争环境等因素。根据该模型计算所得的能源消耗增长量，计算相应的温室气体排放增长量，以此为基础，综合考虑基线确定的排放量，即可确定行业或企业/装置实际允许的排放量，据此确定可分配总量以及各行业、企业/装置的分配比例和数量。

(6)新项目贮备和西部地区发展贮备

经济社会的发展必然伴随着新技术的应用与新项目的设立,这是经济社会发展的自然规律,也必然同时带来温室气体排放量的增加。在进行绿色金融产品的设计时,应对此予以充分考虑,以保证绿色金融产品的属性、范围以及数量的变化能为市场预见,在鼓励技术进步的同时,对于产品价格的确定形成稳定预期。

除此之外,我国东西部发展的不平衡要求为西部地区未来发展预留更多的发展机会与空间,按上述规则设计的绿色金融产品对东部地区更有利,因此,在国家层面应考虑为西部地区预留或分配较大比例的气候变化绿色金融产品。这是绿色金融产品设计公平性的体现,也是市场机制有效运行的必要保证。

(7)绿色金融产品的定价机制

绿色金融产品的定价机制主要是免费发放、市场出售与拍卖。

免费发放是根据行业或企业的历史排放数据,同时考虑不同的行业发展空间、特殊行业的保护以及地区之间的差异等情况。

出售是政府直接向市场卖出温室气体绿色金融产品的方法,但是由于政府的垄断地位及需出售的产品数量巨大,直接在市场上出售对市场影响过大;同时,由于我国目前尚未建立绿色金融市场机制,缺少进行出售的市场,因此该方法近期内难以实施。

对于绿色金融产品的定价建议采用拍卖的方式进行,在绿色金融市场机制并不完善的情况下,由政府采用市场出售的方法进行产品定价难以实现效率,也不能实现价格发现的作用。理论上存在各种复杂的拍卖机制,应选择与气候变化绿色金融产品属性相适应的拍卖机制。国外的实践证明,上升价格时拍卖是比较适合温室气体绿色金融产品的拍卖定价机制。但是针对具体拍卖机制的设计,如拍卖的数量与比例确定还应结合实际情况进行研究,全部进行拍卖对于经济发展和企业竞争力会造成短期的重大不利影响,先进行部分拍卖最后过渡到全部进行拍卖是可行的方法。

(8)绿色金融产品验证、确认程序以及相关交易机制的建立

由于绿色金融产品具有私人生产的公共产品的属性,传统金融市场手段并不能保证市场的公平与效率,产品在市场中进行登记、交易、交割、贮存、清算等活动的交易机制,可以借鉴传统金融市场的相关机制,但应根据气候变化经济学以及相关科学与技术研究成果予以补充与完善,使之适应于绿色金融产品的交易。

4. 加强主要支持低碳经济发展的行之有效的绿色金融模式

国内金融机构目前还主要集中在对低碳项目的融资支持方面,以各类绿色贷款、

环保贷款为主。在此过程中，通过与国际机构或其他金融机构合作，来控制有关风险和发展对低碳项目的资金支持。支持低碳经济，金融机构需要找到行之有效的金融模式。

第一，树立为低碳经济服务的新理念。在国家大力提倡发展低碳经济的今天，金融机构应该树立为低碳经济服务的意识，并尽可能地对相关企业进行扶持，使更多的资金能够流入到与低碳经济相关的各个行业中去，进一步推动我国经济发展方式的转型和产业结构的调整。

第二，大力发展“绿色金融”。“绿色金融”其实就是低碳金融，是服务于旨在减少温室气体排放的各种金融制度安排和金融交易活动。金融机构应对研发生产环保设施、从事生态保护建设、开发利用新能源、从事循环经济、绿色制造和生态农业的企业提供倾斜信贷、保险等金融支持，而对污染企业进行金融限制的政策和制度，以达到有效引导资金向环境良好企业流动的效果。2007 年以来，由生态环境部与金融业联手推出的“绿色信贷”“绿色保险”“绿色证券”三项绿色环保政策，使“绿色金融”制度初具框架，为我国金融业挺进环保主战场奠定了坚实的基础。

第三，商业银行可尝试低碳信贷创新业务。银行对于低碳经济的发展应给予一定的信贷倾斜，重点关注能效技术评估，大力支持诸如新能源等行业的发展。由于环境总容量是有限的，于是污染物排放指标具有价值，通过转让能产生收益，因此，商业银行可以考虑将其作为抵押物来申请贷款。特别是对于一些没有抵押担保品的环保企业，申请银行贷款也比较困难，可以考虑把这种排污许可证作为抵押品，来为环保企业进行融资。

第四，积极开办 CDM 项目金融服务。CDM(Clean Development Mechanism)是清洁发展机制的简称，指发达国家在发展中国家实施具有温室气体减排效果的项目，把项目所产生的温室气体减少的排放量抵扣本国承诺的温室气体排放量。CDM 是国际上开展二氧化碳等温室气体减排项目，是市场化解决气候变化的理想机制。金融机构，特别是商业银行可以联合国际专业机构，为我国减排项目提供 CDM 项目开发、交易和全程管理实施的一站式金融服务。其中，商业银行可以利用渠道优势，协助 CDM 项目业主选择具有良好的交易记录和履约能力的买家，以降低企业交易风险；利用信息优势，为 CDM 项目业主提供并锁定合理的 CER(核定碳排量)报价，帮助企业实现最佳收益；利用资金结算优势，确保交易资金快速到账。

第五，努力开展低碳金融衍生品的金融创新。银行业承担信贷资金配置的碳约束责任，保险业承担规避和转移风险的责任，机构投资者承担环境治理的信托责任，碳基金承担碳市场交易主体的责任。通过这些机构的共同努力，实现碳掉期交易、碳证券、碳期货、碳基金等各种碳金融衍生品的金融创新。目前，世界银行已经设立了8只碳基金，总额高达10亿美元。此外，挪威碳点公司、欧洲碳基金也非常活跃。我国要借鉴国际经验，着手设立我国CDM基金，加强对CDM市场的培育和发展，同时，加快开发各类支持低碳经济发展的碳金融衍生工具，助力低碳经济迅速成长。

四、绿色金融发展措施

（一）绿色金融要与经济社会发展相适应

绿色金融需在三个方面重点发力。一是支持的精准性。目前，节能环保产业融资难、融资贵的现象依旧突出。绿色金融应当聚焦提高污染防治效率、实现低碳循环发展，适当区分浅绿、深绿，还要避免黑色和“洗绿”。绿色金融发展应当更加关注质量，防止资本空转。二是引导的有效性。除使用行政手段外，还应关注支持绿色金融的经济政策激励，如减税安排、财政补贴、存款准备金率优惠等。三是机制的创新性。例如，利用税收政策实现环境可计价，解决环境收益权的抵质押融资问题，发展绿色保险等。

要结合我国经济和社会发展的阶段特征来认识和推动绿色金融发展。现有金融模式是传统经济发展框架下的产物。过去，我国传统发展模式未能对环境成本有效定价，ESG因素被企业视为负担而非应主动追求的目标，产能过剩、贸易失衡、环境污染等问题由此产生。这是发展战略问题，反映的是全社会的价值取向，非支持环保产业或企业及其融资可得性等微观政策及指标所能解决。因此，推动绿色金融发展，需要社会共识、顶层制度、地方实践等各方面的努力和配合，是一项长久工程。

绿色发展是高质量发展的重要内容。当前，绿色金融总体呈现货币多、资本少、发展相对滞后的特点，绿色企业权益资本少、杠杆率高，需进一步加强资本市场、尤其是绿色金融市场发展，动员更多绿色资本参与，实现经济高质量发展。

（二）不断夯实绿色金融发展的政策框架和基础设施

近年来，环保部门出台了一系列政策文件，大力推动绿色发展；配合金融监管部门发布多项规章制度，共同支持绿色金融。此外，生态环境部还出台了环保设备企业所得税优惠目录，与证监会合作推动上市公司强制性环境信息披露，开展环境信用评价，推动出台环境污染强制责任保险等，不断优化绿色发展的政策环境。

要加强基础设施建设，强化上市公司环境信息披露要求，加快构建绿色指数。推动绿色投资，鼓励私募股权投资基金和创业投资基金对绿色企业投资。构建法律法规体系，推动绿色金融法治化、可持续发展。

(三)多措并举支持绿色金融发展

一是，充分发挥市场的力量。绿色金融政策体系日益完善和环保企业融资难并存，是因为绿色投资成本与回报不对等，环境效益未能有效计量，需要通过有效定价、统一交易平台、增强市场投资者认可度等手段解决。

二是，利用先进科技，增强绿色金融可持续发展能力。科技的进步和研究方法的创新使得传统上无法内生化的外部因素逐步实现了可计量、可定价，为提高绿色投资收益提供了基础条件。配合政策设计的完善、体制机制的突破，金融科技将成为推动绿色金融可持续发展的重要动力。

三是，加强绿色金融理论和学术研究。绿色金融具有跨学科的特点，需要构建创新性、系统性的方法学，以量化的手段全面、精确地衡量 ESG 等因素。政府在创建和维护市场秩序与规则方面不可能面面俱到，需要研究机构深入开展理论研究、细化研究方法，为绿色金融可持续发展提供智力支持和持久动力。

(四)大力推动绿色保险发展

保险行业在支持绿色发展方面可以发挥巨大作用。在资产端，保险业可通过债权、股权、资产计划、信托等多种方式进入绿色领域，形式灵活；在负债端，保险业可为生态环境修复提供资金来源和保障。银保监会将进一步完善政策制定和法律法规，尤其是在高风险领域推行环境污染强制责任保险。

保险在绿色领域大有可为，例如地方大力推进的造林项目，因森林生长周期长、不确定性大，绿色保险介入，可有效降低风险，鼓励民营资本进入。此外，保险在定价、精算等方面的研究力量和实践经验对于绿色金融发展至关重要。下一步，绿色保险不仅要提供更加丰富的产品工具，还要发展创新型衍生工具，如为绿色信贷和绿色债券等提供信用风险缓释工具等。

(五)实体企业要积极对接绿色金融资源

在绿色金融引导资金流向绿色领域的同时，环保行业也要修炼内功、积极主动对接金融资源。环保行业本身存在技术门槛，金融机构面临不确定性，可能阻碍投融资决策。环保企业应当主动帮助金融部门了解其风险和盈利点，提升绿色项目的盈利性和融资可得性。

参考文献

[1]张云,文凤华,韩云.绿色金融实践与案例分析[M].北京:中国财政经济出版社,2024.

[2]张云,杨凌霄,沈娴瑜.绿色金融[M].北京:中国财政经济出版社,2024.

[3]王遥,毛倩,赵鑫.绿色金融蓝皮书全球绿色金融发展报告 2023[M].北京:社会科学文献出版社,2024.

[4]章宏韬."碳"秘绿色金融[M].成都:西南财经大学出版社,2024.

[5]董辉.绿色金融与绿色转型理论与实务[M].天津:南开大学出版社,2024.

[6]刘霄汉.数字化转型绿色金融与银行绩效[M].北京:电子工业出版社,2024.

[7]田娟娟,田立强.数字绿色金融双化协同发展创新[M].北京:中国财政经济出版社,2024.

[8]贺丰果,卓英子.绿色金融支持低碳能源产业发展研究[M].北京:对外经济贸易大学出版社,2023.

[9]顾蔚.中研绿色金融研究文库绿色金融百科知识[M].北京:中国经济出版社,2023.

[10]刘瀚斌,李志青.绿色金融风险理论与实务[M].上海:复旦大学出版社,2023.

[11]陈雳.断鳌立极数字科技与绿色金融[M].广州:广东人民出版社,2023.

[12]王遥.绿色金融科技创新基础理论与行业实践[M].北京:中国金融出版社,2023.

[13]彭刚,朱莉.绿色金融总量统计及其影响效应测算研究[M].北京:企业管理出版社,2023.

[14]王文,刘锦涛.绿色金融强国的新动能[M].北京:中国金融出版社,2023.

[15]邓翔.绿色金融效率与监管[M].北京:人民出版社,2023.

[16]翟欣欣.绿色金融的发展与创新研究[M].北京:中国商业出版社,2023.

[17]鲁冬阳.绿色金融及其发展研究[M].延吉:延边大学出版社,2023.

[18]蔡昉.新金融书系绿色经济与绿色金融[M].北京:中国人民大学出版社,2023.

[19]郭江山.清华汇智文库绿色金融支持企业创新研究[M].北京:清华大学出版

社，2023.
[20]董晓红.绿色金融驱动经济高质量发展的社会网络研究[M].北京：中国财政经济出版社，2023.
[21]龚玉霞.绿色金融：政策激励与市场激励和约束[M].北京：经济日报出版社，2022.
[22]鲁政委，钱立华，方琦.新金融书系碳中和与绿色金融创新[M].北京：中信出版社，2022.
[23]江朦朦.绿色金融可持续发展研究[M].长春：吉林出版集团股份有限公司，2022.
[24]孙红梅.绿色金融影响企业投资方向的情况报告[M].上海：上海财经大学出版社，2022.
[25]常荣华.低碳经济背景下我国绿色金融发展研究[M].长春：吉林大学出版社，2022.
[26]胡天杨.双碳目标下绿色金融助推绿色发展的理论机制与评价[M].武汉：武汉大学出版社，2022.
[27]陈月生.碳达峰、碳中和目标下绿色金融资源配置效率研究[M].北京：中国商务出版社，2022.
[28]姚星垣.绿色金融结构优化与绿色发展[M].北京：中国金融出版社，2021.
[29]奚宾.我国绿色金融有效供给研究[M].上海：上海社会科学院出版社，2021.
[30]贾晓薇.绿色金融发展与经济可持续增长[M].北京：社会科学文献出版社，2021.